Elogios para

JORGE RAMOS

Jorge Ramos

STRANGER

Jorge Ramos es periodista y columnista sindicado. Aclamado por la revista *Time* como uno de "los 25 hispanos más influyentes en los Estados Unidos", Ramos es el conductor del noticiero de Univision desde 1986, donde también es responsable del programa dominical *Al punto,* en el que analiza los temas clave de la semana y realiza entrevistas de actualidad. En el canal Fusion conduce el programa *América con Jorge Ramos.*

En 2017 recibió el premio Gabriel García Márquez a la "excelencia en el ámbito periodístico". Ramos también ha sido galardonado con el premio Maria Moors Cabot de la Universidad de Columbia y ha ganado ocho premios Emmy por su trabajo como periodista. Fue honrado en 2002 con el premio Rubén Salazar, otorgado por el Consejo Nacional de La Raza por su positiva representación de la comunidad latina. En 2008, el Commonwealth Club of California lo reconoció con el Distinguished Citizen Award por ser una de las personas sobresalientes que encarna el "sueño americano" como inmigrante en los Estados Unidos.

Escribe una columna semanal para más de 40 periódicos en

los Estados Unidos y América Latina y ofrece tres comentarios de radio diarios para la red de Radio Univision.

Nacido en la Ciudad de México, Ramos es un inmigrante. Llegó a los Estados Unidos como estudiante en 1983. En noviembre de 1986, a los 28 años, se convirtió en uno de los presentadores de noticias nacionales más jóvenes en la historia de la televisión estadounidense. Desde entonces, ha sido llamado "la voz de los sin voz".

STRANGER

STRANGER

EL DESAFÍO
DE UN INMIGRANTE LATINO
EN LA ERA DE TRUMP

Jorge Ramos

VINTAGE ESPAÑOL

Una división de Penguin Random House LLC

Nueva York

Para los Dreamers, *mis héroes*

He sido un extraño aquí en mi propio país.

SÓFOCLES, *Antígona*

Donde tengas amigos, ese es tu país; y allí donde recibas amor, ese es tu hogar.

PROVERBIO TIBETANO

Hubo una vez un camino para volver a casa.

LOS BEATLES, "Golden Slumbers"

Índice

STRANGER

Prólogo

Hay veces en que me siento como un extraño en el país donde he pasado más de la mitad de mi vida. No es por falta de oportunidades, ni una queja. Es, más bien, una especie de desilusión. Jamás me imaginé que después de 35 años en Estados Unidos iba a seguir siendo un *stranger* para muchos. Pero eso soy.

A pesar de esa sensación, quiero empezar con el agradecimiento. En Estados Unidos nacieron mis hijos, lo que más quiero en este mundo; aquí he ejercido mi pasión y mi profesión —el periodismo— con absoluta libertad; aquí existe una energía de cambio, deseo de innovación y una apertura difíciles de encontrar en otras partes del planeta; aquí casi todos somos inmigrantes o descendientes de extranjeros y eso siempre ayuda a saltar fronteras y llegar al límite de lo posible;

aquí sigue prevaleciendo la idea de que la democracia es el sistema político que todos aceptamos y que el concepto de igualdad está establecido desde que se inició la independencia de esta nación; aquí se puede vivir bien y con justicia, que en su sentido original significa darle a cada quien lo que se merece.

Por eso vivo aquí. Tengo el privilegio de compartir con millones de personas la maravillosa coincidencia de querer vivir en un país y de que ese país te acepte con los brazos abiertos. Me hice estadounidense por voluntad y Estados Unidos, también voluntariamente, me aceptó.

Nada de esto, por supuesto, borra de dónde vengo. Nací y crecí en México y nunca dejaré de ser mexicano. Adoro la solidaridad de los mexicanos, en cuya nación maravillosa nunca te sientes solo. Es un extraordinario país que crece con ganas y que expande su cultura a todo el planeta, muy distinto de la corrupta imagen de sus gobiernos y de la violencia que vemos en las noticias. La mayor parte de mi familia sigue viviendo en México, visito el país varias veces al año y me preocupa, siempre, lo que ocurre a ambos lados de la frontera.

Mi vida privada y mi vida pública son binacionales y transnacionales. Soy, simultáneamente, mexicano, estadounidense, "latino", extranjero, inmigrante, emigrante, chilango y, sin duda, muchas cosas más. Es decir, para muchos soy el otro.

Pero Estados Unidos es un país históricamente acostumbrado a los otros —a los que recién llegan, a los que nacieron en otro lado, a los que se ven y hablan distinto— y, por lo tanto, ha desarrollado una saludable tolerancia a quienes son diferentes. Aunque no en todas partes ni siempre.

La historia de este país registra ciclos de aceptación a los extranjeros seguidos por ciclos de enorme rechazo y discriminación. Ese es el momento que estamos viviendo ahora.

Hay partes del país que se resisten más a los inmigrantes y los culpan injustamente de los principales problemas que enfrentamos, desde la falta de trabajos bien remunerados hasta el crimen. Y hay políticos que se aprovechan de eso para dividir a la nación y ganar votaciones. Como Donald Trump.

Déjenme hacer una aclaración.

Este no es un libro sobre Trump. Pero su entrada a la política y su llegada al poder están directamente relacionadas al creciente sentimiento antiinmigrante que prevalece en Estados Unidos. Es lo peor que he visto desde mi llegada a este país en 1983. Es como si Trump le hubiera dado permiso a otros para ofender a los inmigrantes y para hacer comentarios racistas, tal y como él ha hecho.

Las palabras importan. El problema no es solo Trump, son también los 63 millones de estadounidenses que votaron por él y que, en muchos sentidos, piensan como él. Sí, el odio se ha ido fermentando desde la llegada de Donald Trump a la política. Pero no por eso podemos aceptarlo como algo normal.

Los ataques de Trump a los inmigrantes y su aparente intento de detener el cambio demográfico que está viviendo Estados Unidos van a fracasar. Trump va a contracorriente. Él anunció su campaña presidencial el 16 de junio de 2015. Apenas 15 días después —el 1 de julio de 2015— la Oficina del Censo calculó que más de la mitad (50.2 por ciento) de todos los bebés menores de un año en Estados Unidos ya pertenecían a una minoría.

Estados Unidos nunca ha sido un país puro. Los conquistadores españoles Juan Ponce de León y Hernando de Soto hablaron español en lo que hoy es el sur de Estados Unidos unos dos siglos antes de que llegaran los primeros *pilgrims* o habitantes europeos a Nueva Inglaterra. Hay evidencia de la presencia de africanos en nuestro territorio desde principios del siglo XVII. Y los nativos norteamericanos precedieron a todos los demás.

La esencia de Estados Unidos es ser una nación multiétnica, multirracial, de muchas culturas, diversa, tolerante y creada por inmigrantes bajo los principios de libertad, igualdad y democracia.

Trump parece no entender la historia de este país. Al final acabaremos recordando su presidencia como uno de los momentos más tristes en la ya larga lista de tensiones étnicas y raciales en Estados Unidos. Como si no hubiéramos aprendido nada. Pero mientras tanto tendremos que aguantarlo y resistir.

A veces pienso que me he estado preparando durante toda mi vida para este momento. Este es un libro sobre lo que significa ser un inmigrante latino en la era de Trump. Comienza en el preciso momento en que uno de sus guardaespaldas me expulsó de una conferencia de prensa y cómo eso cambió tantas cosas para mí. Este es un libro sobre lo que implica ser un *stranger* en Estados Unidos en la primera mitad del siglo XXI.

Stranger es un término que en inglés se usa para indicar a alguien que es extraño o que no pertenece a la comunidad (más cercano a *foreigner*). Por eso decidí mantenerlo en la edición en español, para expresar esa contradicción: ¿cómo puede ser un *stranger* alguien que ha vivido más de la mitad de su vida en un país?

Originalmente este libro se iba a titular *Lejos de casa*. Me he mudado decenas de veces en Estados Unidos y siempre tengo la impresión de que estoy buscando esa sensación de seguridad, alegría y tranquilidad que tuve en la casa donde viví durante casi dos décadas en la Ciudad de México.

Es, lo sé, una búsqueda imposible. Los recuerdos están ligados no solo a lugares físicos, sino también a momentos específicos. Por eso no es posible regresar a casa o, por lo menos, a esa casa que todos los inmigrantes dejamos y que existe, sobre todo, en nuestra memoria.

Este libro es una exploración de mi vida en México y Estados Unidos. Es más bien un honesto y a veces doloroso relato de lo que significa vivir lejos de México y, también, lejos de Estados Unidos. En estas páginas busco la explicación a ese alejamiento que he sentido últimamente del país donde vivo. Es el libro de un inmigrante cuya narración va y viene, cruzando la frontera, sin permisos ni papeles.

Lárgate de mi país

———

L árgate de mi país".

Todavía escucho esa frase con absoluta claridad, como si viviera en un lugar específico de mi mente.

Es una cicatriz.

Por dentro.

Ocurrió hace algún tiempo, pero resuena en mis oídos como si acabara de pasar. No sé ni siquiera el nombre de quién me la dijo, pero tengo su cara y su odio grabados en los ojos y en toda la piel.

Cuando alguien te odia lo sientes en todo el cuerpo. Son, generalmente, solo palabras. Pero la vibración de las palabras cargadas de odio se cuela entre las uñas, por tu pelo, se clava debajo de tus párpados. Entra también por tus oídos. Y luego todo parece alojarse entre la garganta y el estómago, en ese preciso espacio donde sientes que te ahogas y que, si la sensación se acumulara por mucho tiempo más, algo se reventaría.

Quien me dijo "lárgate de mi país" era un seguidor de Donald Trump. Lo sé porque llevaba un broche del entonces candidato en una de las solapas del saco. Pero sobre todo lo sé por la manera en que me lo dijo. Me miró directamente a los ojos, me apuntó con un dedo y me gritó.

He vuelto a ver el video de esa tarde de agosto de 2015, una y otra vez, y no sé cómo mantuve la calma. Recuerdo que su grito me tomó por sorpresa. Trump, con la brutal y cobarde ayuda de un guardaespaldas, me acababa de sacar de una conferencia de prensa en Dubuque, Iowa, y yo apenas estaba pensando en cómo reaccionar cuando, de pronto, escuché a un energúmeno apuntándome con el dedo.

Levanté la cabeza y, en lugar de soltarle una grosería como me hubiera gustado, me controlé y solo le dije: "Yo también soy un ciudadano de Estados Unidos". Su respuesta me dio risa. Dijo *"whatever"*, cuya traducción sería algo así como "me da lo mismo", una frase que suele utilizar gente mucho más joven que él. Un policía que estaba escuchando la discusión, a las afueras de la conferencia de prensa de Trump, se interpuso entre los dos y ahí terminó todo. Pero su odio se me quedó clavado.

El odio es contagioso.

Trump contagia odio.

Estoy absolutamente convencido de que si Trump me hubiera tratado de otra manera, su seguidor no me habría hablado así. Pero Trump me acababa de echar de una conferencia de prensa y con ello, de alguna manera, le había dado permiso a ese hombre para dirigir su odio contra mí.

Nunca antes me había ocurrido algo así en más de tres

décadas como periodista. Para mí eso solo ocurría en las dictaduras. Bueno, una vez en Guadalajara, México, en el marco de
la primera Cumbre Iberoamericana, por allá de 1991, me pasó
algo parecido. Uno de los guardaespaldas de Fidel Castro me
empujó y me hizo a un lado mientras cuestionaba al dictador
cubano por la falta de libertad en la isla.

Trump también usó a un guardaespaldas para evitar que le
hiciera una pregunta.

Mis problemas con Donald J. Trump comenzaron el mismo
día en que lanzó su candidatura presidencial: el 16 de junio de
2015 en Nueva York. Ahí dijo lo siguiente: "Cuando México
envía a su gente, no envía a los mejores... Está enviando a
gente con muchos problemas y ellos nos están trayendo esos
problemas. Ellos traen drogas. Ellos traen el crimen. Son violadores. Y algunos, supongo, son buenas personas... Y no solo
vienen de México. Vienen del sur y de América Latina...".

Estos son comentarios racistas. Punto.

Trump puso a todos los inmigrantes mexicanos y latinoamericanos en el mismo saco. Generalizó. No tuvo la honestidad intelectual de decir que solo algunos inmigrantes cometen
crímenes, no la mayoría. Luego, varios de sus defensores ase-
guraron que Trump se estaba refiriendo en realidad a cierto
tipo de inmigrantes indocumentados, a los más violentos, no a
todos los que vienen del otro lado de la frontera sur.

Quizás. Nunca lo sabremos. Pero eso no es lo que dijo. Lo
que sí sé es que cuando Trump lanzó su candidatura presidencial, acusó a todos los inmigrantes mexicanos de ser criminales, narcotraficantes y violadores.

Todos los estudios que he leído —particularmente el del
American Immigration Council— concluyen que "altos niveles de inmigración están vinculados con bajos niveles de crimi-

nalidad, y que los inmigrantes son menos propensos a cometer crímenes serios o a terminar en la cárcel que las personas nacidas en Estados Unidos".

Trump comenzó su camino hacia la Casa Blanca con una gran mentira.

Las primeras declaraciones de Trump como candidato me tomaron por sorpresa y me molestaron muchísimo. Los días y las semanas posteriores a su anuncio estuve muy inquieto. No sabía cómo responder. Sabía que como reportero, como latino y como inmigrante tenía que hacer algo. Pero no sabía exactamente qué. Además, tenía que ser una repuesta bien calibrada; no podía ser la respuesta diplomática y aséptica de un político. Tampoco un grito insultante.

Univision, la empresa para la que trabajo desde enero de 1984, había tomado la valiente decisión de romper su relación comercial con Trump y no transmitir en español el concurso de Miss USA —del cual el empresario era en parte propietario— "por sus comentarios insultantes contra los inmigrantes mexicanos". Ese sería el inicio de una larga batalla legal.

A pesar de lo anterior, yo sentía que también tenía que enfrentar a Trump periodísticamente. Este no era solo un asunto de negocios. Así que el mismo día en que Univision anunció el rompimiento de su relación comercial con Trump, le escribí una carta, a mano, solicitándole una entrevista.

La carta, fechada el 25 de junio de 2015, decía lo siguiente:

Señor Trump:

Le escribo personalmente para solicitarle una entrevista.
Sin embargo, hasta el momento su equipo se ha negado a dármela.

Estoy seguro de que usted tiene muchas cosas que

decir... y yo tengo muchas cosas que preguntar. Puedo
viajar a Nueva York o al lugar que usted quiera.

Si usted prefiere hablar primero por teléfono, mi número
de celular es 305-794-1212.

Sé que este es un asunto importante para usted y
para mí.

Saludos,
Jorge Ramos

La puse en un sobre de FedEx y la envié a sus oficinas de Nueva York. Al día siguiente, de pronto, empecé a recibir cientos de llamadas y textos en mi celular, unos más insultantes que otros. No entendía bien qué estaba pasando. Hasta que un compañero de trabajo entró en mi oficina y me dijo: "Trump publicó tu número de celular en la internet".

Estos fueron algunos de los cientos de textos que recibí:

"Jorge Ramos, Donald Trump puso tu carta personal en la internet e incluye tu número de celular. Siento mucho lo que te hizo".

"Ve y jódete, Jorgito".

"Por favor, llévate a tu antiamericano Univision a México, un país corrupto del tercer mundo, y vete con ellos. Gracias y que tengas un buen viaje de regreso".

"Trump2016. Construya esos muros para evitar que los ilegales crucen nuestras fronteras".

"Eres un sucio racista. Nadie quiere a tus primos ilegales en este país".

"Trump tenía razón... Los latinos deben dejar de sentirse ofendidos. Es vergonzoso. Tú no hablas por todos los latinos".

"Trump2016. Ven legal a este país o lárgate. Ilegal es ilegal".

"Jódete".

Efectivamente, Trump me había contestado a través de Instagram. Escribió esto: "Univision dice que no me quieren, pero Jorge Ramos y sus otros conductores me ruegan que les dé una entrevista".

Junto a su breve texto incluyó una fotografía de la carta que yo le había escrito, sin borrar mi número de teléfono.

A pesar de esos textos cargados de odio y rabia, recibí también muchos de apoyo y otros que, aprovechando la oportunidad, me pedían empleo, me ofrecían consejo y hasta solicitaban ayuda para publicar libros y canciones.

Estaba claro que Trump no me quería dar una entrevista. Sin embargo, había otras maneras de enfrentarlo. Trump acababa de lanzar su candidatura presidencial y una de las novedades era que constantemente hablaba con la prensa. Esa era una oportunidad para nosotros.

Durante casi dos meses estuvimos pensando qué hacer. Hasta que un buen día se le ocurrió una genial idea a Dax Tejera, el productor ejecutivo del programa *America* que yo hacía para la cadena de televisión Fusion.

"No te va a gustar lo que te voy a decir, pero tenemos que ir a Iowa", me dijo Dax luego de entrar en la oficina y sentarse en el único sofá que tengo. Solo se sentaba ahí cuando había cosas verdaderamente importantes que discutir. "¿Iowa? —le pregunté—, ¿A qué tenemos que ir a Iowa?".

Dax, como siempre, ya había hecho toda su tarea. Había analizado las conferencias de prensa que Trump tenía planeadas en las próximas semanas y la de Iowa era la que presentaba la mejor oportunidad para enfrentarlo. Sus conferencias en Nueva York se llenarían de reporteros. Pero no muchas organizaciones de noticias mandarían a sus equipos a cubrir una conferencia en Dubuque, Iowa. Dax tenía razón. Otra vez.

Llamamos por teléfono a la campaña de Trump, nos acreditamos para asistir a la conferencia de prensa en Dubuque el 26 de agosto de 2015 y, a pesar de nuestros temores, nadie nos prohibió la entrada.

Durante esos días había recibido la llamada de Bill Finnegan, un corresponsal de la revista *The New Yorker,* quien quería hacer un artículo sobre mi intercambio con Trump. Lo invité a que nos acompañara a Iowa y de inmediato aceptó. No sabía lo que iba a pasar en Iowa, pero mi plan era no irme de ahí sin enfrentar, de alguna manera, a Trump.

Yo iba bien cargado de preguntas.

El plan migratorio de Trump supondría una de las mayores deportaciones en masa de la historia moderna. ¿Cómo pensaba deportar a 11 millones de indocumentados?

Si lograra cambiar la constitución para quitarles la ciudadanía a hijos de indocumentados, ¿a dónde deportaría a los bebés y niños que no tendrían patria ni pasaporte?

¿Para qué construir el muro más grande del mundo entre

dos países —de 1,954 millas del largo— si más del 40 por ciento de los indocumentados viene en avión o con visa temporal y luego se queda? Sería un desperdicio de tiempo, dinero y esfuerzo.

Con estas preguntas me fui a Iowa. Llegué casi dos horas antes a la sala de prensa, me registré, colocamos dos cámaras, me senté en una esquina en la primera fila para que nada me obstruyera la vista y me pusieron un micrófono para que las preguntas quedaran bien grabadas. Técnicamente estábamos listos.

La televisión no ocurre por sí misma, hay que crearla.

Pero también era importante tener un plan ante Trump. Lo primero que decidí fue que haría mis preguntas parado, no sentado. El lenguaje corporal era vital. No quería que Trump tuviera ninguna ventaja sobre mí. Tenía que ser un intercambio de tú a tú. Si me mantenía parado sería mucho más difícil para él ignorarme.

También sabía de la propensión de Trump a interrumpir a los reporteros antes de que terminaran de hacer sus preguntas. Así que decidí que no me iba a callar ni a dejarme interrumpir hasta terminar mis preguntas. Al menos la primera.

Estaba listo. Tenía el micrófono puesto y un plan para enfrentar a Trump.

De pronto, se abrió una puerta en la parte posterior de la sala de prensa. Entró su equipo de seguridad y, detrás de ellos, Donald Trump. El lugar cayó en un inusual silencio. El candidato saludó sin muchas ganas, apenas audible, y luego recorrió la sala con la mirada, como haciendo una radiografía.

Conozco a ese tipo de personajes. *Street smart,* les llaman en inglés. Después de años de eventos públicos y de lidiar con la gente, tienen una intuición especial para detectar peligros y oportunidades. En un par de segundos Trump identificó a las cámaras y a los reporteros que lo seguían.

Caminó lentamente, se paró frente al podio, dio un breve discurso, desabrido y protocolar, y apuntó a un reportero de la cadena Fox News para que le hiciera la primera pregunta. Una sola persona estaba en control de la situación y esa era Donald Trump.

El reportero apuntado hizo su pregunta. El candidato respondió. Y ahí, en ese ritmo que busca establecerse cuando las cosas comienzan, detecté una pausa, brevísima. La última palabra de Trump se había quedado colgando en el aire y ningún reportero se atrevió a brincar tras ella. Quien daba y quitaba la palabra era Trump. Supongo que era un rito aprendido entre el candidato y el grupo de élite que llevaba poco más de dos meses cubriendo su inusual campaña. Nadie quería romper las reglas del juego que servían tanto al candidato como a los periodistas.

Pero yo era nuevo en ese grupo y desconocía sus rituales y ritmos. Además, había participado en cientos de conferencias de prensa durante mi carrera y sabía que, muchas veces, no hay que esperar a que te den la palabra. Pregunta el más rápido o el que mejor sabe leer las pausas que, inevitablemente, surgen en todo intercambio entre dos personas.

Claro, mi intención era confrontar a Trump y era muy arriesgado esperar hasta el final de la conferencia de prensa para hacer mis preguntas. No sabía cuánto tiempo nos iba a dedicar Trump, pero estaba claro que a un lado miles de personas lo estaban esperando para un evento de campaña. Así que vi la oportunidad y brinqué.

Levanté la mano, me paré y dije que tenía una pregunta sobre inmigración. Esperaba algún tipo de reacción. Pero nadie dijo nada. Ni el candidato. Fue como si todos hubieran sido sorprendidos. La estrategia, pensé, estaba funcionando y comencé a plantear mi pregunta.

No quería solo hacer una pregunta. Antes quería dejarle saber a Trump que muchos latinos e inmigrantes estaban ofendidos por sus comentarios racistas y que sus propuestas migratorias estaban basadas en falsedades. Después de todo, para eso había ido a Iowa.

Pero Trump es un lobo viejo. Notó que en mi primera frase dije las palabras "falsas promesas". (Pocas cosas buenas pueden seguir después de esas palabras). Y sin mirarme o siquiera reconocerme, recorrió al centenar de periodistas frente a él buscando a quien darle la palabra. Yo, para Trump, no existía.

En español hay una palabra que describe perfectamente esa actitud de desprecio: *ningunear.* La gente con poder ningunea a los otros. La intención es convertirlos en nadie. Eso es lo que Trump intentaba hacer conmigo. No quería verme ni oírme.

Trump podría haberme dejado hacer mi pregunta y contestar muy brevemente, desarmándome. Pero el orgullo no lo dejó. No solo me iba a negar la posibilidad de preguntar, sino que quería humillarme y darles una lección a los otros reporteros.

Pero mentalmente ya me había preparado para Trump, y sin hacerle caso seguí haciendo mi larga pregunta. Lo reconozco, no era una pregunta simple y corta. Primero tenía que plantear sus falsedades y luego hacer varias preguntas.

Trump, visiblemente molesto, cometió un error. No podía dejar que un reportero lo retara y no siguiera sus órdenes. Fue ahí cuando decidió usar la fuerza.

Así fue mi primer intercambio con Trump:

—Señor Trump, tengo una pregunta sobre inmigración.

—*Ok.* ¿Quién sigue? Sí, por favor. Por favor.

Trump no quería mirarme mientras buscaba a alguien más que preguntara.

—Su plan de inmigración está lleno de falsas promesas.

—¡Perdóname! ¡Siéntate! Nadie te llamó a ti. ¡Siéntate! ¡Siéntate!

La idea de hacer la pregunta parado, pensé, había sido efectiva. Él quería que me sentara, pero no lo iba a hacer.

—No, yo soy un reportero.

—Siéntate.

—Como inmigrante y como ciudadano de Estados Unidos...

—Adelante —le dijo Trump a otro reportero, de la cadena CBS, pero yo seguí planteando mi pregunta. Sabía que me iba a querer interrumpir, pero no me iba a dejar.

—Tengo el derecho de hacer una pregunta y esta es la pregunta.

—No lo tienes. Nadie te ha llamado.

Al menos Trump ya me está escuchando, pensé, y continué haciendo mi pregunta.

—No. Yo tengo el derecho de hacer una pregunta.

—Regrésate a Univision.

—No. Esta es la pregunta.

—Adelante —volvió a decir Trump apuntando al reportero de CBS News.

—Usted no puede deportar a 11 millones de personas. Usted no puede construir un muro de 1,900 millas. Usted no les puede negar la ciudadanía a los niños nacidos en este país. Y con esas ideas...

—¡Siéntate!

—No. Soy un reportero...

Trump, primero con un raro gesto en la boca, como sacando los labios, y después con un brazo, llamó a uno de sus guardaespaldas. El guardaespaldas pasó detrás del podio, se me acercó, se paró frente a mí y con una mano me tomó del antebrazo izquierdo y me empujó afuera del salón.

—No me toque, señor —le dije.

El agente de seguridad me dijo que estaba siendo "disruptivo" y que debía esperar mi turno para hacer la pregunta. Insistí en decirle que como reportero tenía el derecho de hacer una pregunta. Me pidió mi credencial de reportero y le dije que se había quedado en el portafolios junto a mi asiento. Además, le seguí diciendo que no me tocara. Pero a él no le importó. Me siguió empujando y no me soltó del antebrazo hasta sacarme del salón.

Inmediatamente después, ya fuera de la conferencia de prensa, me enfrentó un seguidor de Trump que llevaba un pin del candidato en la solapa de su saco.

—Eres muy grosero. Esto no es sobre ti. —Se me acercó y me apuntó con un dedo.

—Esto tampoco es sobre ti, le dije.

Mi mente estaba todavía en el incidente que acababa de ocurrir con Trump y su guardaespaldas. Había muchas cosas que decidir. Pero ahí, en un instante, decidí no sacar mi molestia con ese seguidor de Trump. Sin embargo él insistió:

—Lárgate de mi país. Lárgate. Esto no es sobre ti.

—Yo también soy un ciudadano de Estados Unidos.

—Bueno, lo que sea. No. Univision no. Esto no es sobre ti.

—Ni tampoco sobre ti. Esto es sobre los Estados Unidos.

Un policía que estaba escuchando la conversación se acercó y se interpuso entre los dos. Ya no intercambiamos más palabras.

Ahí, junto a mi productor Dax Tejera, teníamos que decidir qué hacer. Trump tendría que salir por la misma puerta por la que salí y uno de mis camarógrafos estaba listo en caso de que quisiera abordar al candidato.

Decidí no irme. Había ido a Iowa para hablar con Trump y volvería a intentarlo fuera de la conferencia de prensa.

Después de mi expulsión, dos reporteros —Kasie Hunt de MSNBC y Tom Llamas de ABC News— salieron solidaria y valientemente en mi defensa y cuestionaron con dureza a Trump. ¿Por qué me había sacado de la conferencia de prensa?

> No sé mucho de él —les dijo Trump—, creo que nunca lo he conocido. Él empezó a gritar. Yo no lo expulsé. Tienen que hablar con la gente de seguridad. Los de seguridad lo sacaron, pero ciertamente yo no lo escogí para preguntar. Escogí a otras personas, como ustedes, que me están haciendo preguntas. Él solo se paró y empezó a gritar. Quizás él también es culpable de esto. Alguien lo sacó de aquí. Ni siquiera sé quién es. Y no me importa si regresa, francamente.

Era muy interesante que Trump dijera ante la prensa que no me conocía. Después de todo él había publicado mi carta por internet dos meses antes. Además, en el intercambio que acababa de tener con él en Iowa me dijo: "Regrésate a Univision". Si de verdad no me conocía, entonces, ¿cómo supo que trabajaba para Univision?

Trump estaba mintiendo.

De pronto salió del salón la secretaria de prensa de Trump durante la campaña presidencial. "Hola, soy Hope Hicks", me dijo, y me saludó de mano. Me preguntó si quería regresar a la conferencia de prensa y le dije que sí. Pero le advertí que mi única condición era que me dejaran hacer mis preguntas. Estuvo de acuerdo y me pidió que esta vez esperara a que Trump me diera la palabra.

Volví a entrar en el salón. Nunca supe si la decisión de permitirme regresar a la conferencia de prensa fue exclusivamente de Hope Hicks o si al escuchar al candidato a ella le había quedado claro que yo podía volver a entrar.

Caminé hacia mi asiento, que continuaba vacío. Ahí estaba todavía mi portafolios con mi credencial de prensa. Volví a levantar la mano para hacer una pregunta, y como por arte de magia y siguiendo una coreografía, Trump me apuntó y me dijo: "Muy bien, absolutamente, qué bien tenerte de vuelta".

El intercambio que tuvimos después pasó desapercibido para la mayoría de la prensa. Los titulares a nivel mundial serían sobre cómo me había expulsado de la conferencia de prensa por la fuerza y con un guardaespaldas, pero no sobre nuestra conversación después de la expulsión.

Por fin, había tenido la oportunidad de confrontar a Trump. Esta es la parte central de lo que hablamos, editado para que se entienda mejor el intercambio.

—Este es el problema con su plan migratorio. Está lleno de falsas promesas. Usted no puede deportar a 11 millones de indocumentados. Usted no les puede negar la ciudadanía a los hijos [de padres indocumentados] en este país…

—¿Por qué dices eso?

—Porque tendría que cambiar la constitución.

—Bueno, mucha gente piensa que un acto del Congreso lo podría hacer. Ahora, es posible que [este asunto] sea puesto a prueba en las cortes, pero mucha gente piensa que si estás del otro lado de la frontera, como una mujer que está a punto de tener un bebé, cruza la frontera un día, tiene el bebé y de pronto durante los próximos 80 años tienes que cuidar a esa gente.

—Eso dice la constitución.

—No, no, no. No lo creo. Sé que algunos académicos en televisión coinciden contigo, pero algunos de los grandes académicos dicen que eso no es cierto.

—Pero no me está contestando, señor Trump.

—Sí te estoy contestando... y esto se va a poner a prueba, ¿ok?

—En fin. Otra pregunta, ¿cómo va a construir un muro de 1,900 millas?

—Muy fácil. Yo soy un constructor. Eso es fácil. Yo construyo edificios de 94 pisos. ¿Sabes qué es más difícil [que hacer un muro]? Construir un edificio de 95 pisos de altura, ¿ok?

—Pero sería una pérdida innecesaria de tiempo y dinero.

—¿Tú crees eso? ¿De verdad? No lo creo. Mucha gente no lo cree.

—Casi el 40 por ciento de los inmigrantes [indocumentados] viene por avión y luego se quedan.

—No creo eso, ¿ok? No lo creo.

—Bueno, están llegando por avión.

—Bueno, están llegando de muchas maneras distintas, pero la principal manera en que llegan es cruzando frente a nuestras patrullas en la frontera.

—¿Cómo piensa deportar a 11 millones de inmigrantes indocumentados? ¿En autobús? ¿Va a llamar al ejército?

—Déjame decirte algo. Déjame decirte algo. Lo vamos a hacer de una manera muy humana. Tengo un corazón más grande que el tuyo... Pero sí vamos a empezar inmediatamente con los pandilleros, con los que son realmente malos... Tenemos muchísimo crimen y tremendos problemas... Esos se van a ir tan rápido que te va a dar vueltas la cabeza. Y al resto de los ilegales...

—No, yo no uso la palabra "ilegal".

—Bueno, deberías usarla porque esa es su definición.

—Ningún ser humano es ilegal.

—Bueno, cuando cruzan la frontera, desde un punto de vista legal, son inmigrantes ilegales si no tienen sus papeles.

—Pero, ¿cómo va a deportar a 11 millones?

—¿Sabes cómo se llama eso? Manejo gerencial. No estás acostumbrado a una buena administración porque siempre estás hablando sobre el gobierno.

—Solo imagine lo que sería eso.

—Un momento, un momento. El gobierno es incompetente... Estoy de acuerdo en que no lo puede hacer. Pero yo soy un gran gerente y sé cómo hacer esto. Voy a contratar a gente increíble.

—Pero no me ha dicho nada específicamente [sobre cómo los va a deportar].

—Ya te di muchos datos específicos. Con un gran manejo administrativo.

Pero el intercambio no terminó ahí. Otros periodistas hicieron sus preguntas y luego volví a levantar la mano. Aparentemente Trump estaba dispuesto a seguir debatiendo. Me paré y pregunté una vez más.

—Usted no va a ganar el voto latino.

—Creo que sí porque voy a traer nuevos trabajos.

—La verdad es otra. Vi las encuestas, una de Univision dice que el 75 por ciento de los latinos...

Ahí me interrumpió. En lugar de referirse a las varias encuestas que aseguraban que iba a perder el voto latino, sacó a relucir la demanda que le había puesto a Univision.

—¿Por cuánto estoy demandando a Univision ahora mismo? ¿Sabes la cifra? Dime, dime.

—Mi pregunta es...

—¿Sabes la cifra?

—Yo solo soy un reportero, señor Trump.

—Quinientos millones de dólares.

—Soy solo un reportero.

—Y están muy preocupados [por esa demanda].

—Permítame hacer mi pregunta.

—Adelante.

—Usted está perdiendo el voto latino. El 75 por ciento de los latinos...

—No lo creo.

—A nivel nacional.

—Ni siquiera he empezado.

—El 75 por ciento de los latinos tiene una imagen negativa de usted. Según Gallup usted es el candidato más impopular entre todos los republicanos. Solo vea las redes sociales.

—¿Sabes cuántos latinos trabajan para mí?

—Muchos latinos lo detestan y lo odian. ¿Usted sabe eso?

—Me aman.

—Eso no es cierto. Vea las encuestas, señor Trump.

—¿Sabes cuántos hispanos trabajan para mí? Miles.

—Pero a nivel nacional...

—¿Sabes cuántos [latinos] han trabajado para mí a lo largo de los años? Contesta eso.

—El 75 por ciento de los latinos tiene una opinión negativa de usted. Y usted no va a ganar la Casa Blanca sin el voto latino.

—Esto es lo que va a pasar. Una vez que gane verás lo que pasa. ¿Sabes lo que quieren? Quieren trabajos. Eso es lo que quieren.

—Y también quieren ser tratados justamente.

La conversación no iba a ningún lugar. Yo estaba citando las encuestas que hablaban de su enorme impopularidad entre los latinos y él insistía en que los hispanos lo amaban y que miles habían trabajado para él.

En ese momento yo estaba absolutamente convencido de que sin el voto latino no podría ganar la Casa Blanca. En 2012 Mitt Romney había obtenido solo 27 por ciento del voto latino, lo cual permitió la reelección de Barack Obama. Y cuatro años antes el senador John McCain, con 31 por ciento del voto hispano, también había perdido contra Obama.

Todo parecía indicar que si el candidato republicano, el que fuera, no superaba la tercera parte del voto latino, no podría llegar a la presidencia. En 2016 había 27.3 millones de latinos elegibles para votar y, aunque solo votara la mitad de ellos, su influencia sería definitiva. O por lo menos eso creía.

Al final de mi intercambio con Trump en la conferencia de prensa, el candidato quería seguir el debate.

—Tú y yo volveremos a hablar. Tenemos mucho de qué hablar, Jorge Ramos.

—Espero que podamos tener esa conversación.

—La vamos a tener. La vamos a tener.

—*Ok.*

Trump, otra vez, estaba mintiendo.

Nunca volveríamos a hablar.

La prensa en Estados Unidos y a nivel internacional, como decía, se concentró en mi expulsión de la conferencia de prensa: se trataba de un ataque directo a la libertad de expresión en Estados Unidos y, aparentemente, un hecho sin precedentes en una campaña presidencial. Todo lo que le pregunté a Trump pasó a un segundo plano. Sin embargo, en sus respuestas estaban las bases de las propuestas antiinmigración que buscaría implementar una vez que llegara a la Casa Blanca.

El camino que Trump proponía estaba lleno de peligros. Yo lo vi. Muchos reporteros latinos también lo vieron y juntos lo denunciamos. Las palabras de Trump eran una verdadera amenaza para millones de inmigrantes. Siempre lo tomé en serio. Era un error considerarlo un payaso o un loco. No es ninguna de las dos cosas. De hecho, una de las características que más me preocupan de la personalidad de Trump es que casi nunca se ríe. Nunca le he escuchado una carcajada.

Los periodistas debimos haber sido muchísimo más duros con él desde el anuncio de su campaña. Sus ataques a los inmigrantes fueron brutales. Pero, a finales del verano de 2015, Trump era una verdadera atracción mediática y las grandes cadenas de televisión estaban dispuestas a darle casi todo el tiempo que quisiera a cambio de ratings.

Para ser franco, Trump casi siempre estaba dispuesto a dar entrevistas y a hacer comentarios públicos sobre múltiples temas. Los otros candidatos republicanos nunca fueron tan accesibles. Cuando se dieron cuenta de su error, ya era demasiado tarde.

Ahora bien, ese acceso nunca se extendió a los medios de

comunicación en español, en general, ni a Univision en particular. A pesar de la promesa del candidato de que volveríamos a hablar, en realidad estábamos vetados.

Aunque al final de la conferencia de prensa dijera que estaría dispuesto a conversar conmigo y quizás a concederme una entrevista, su mensaje antiinmigrante y su agenda nunca lo permitieron. A él le funcionaba presentarse como un enemigo de los indocumentados, y por medio del enfrentamiento conmigo estaba promoviendo su mensaje.

¿Cuál era ese mensaje? Si Trump estaba dispuesto a sacar por la fuerza de una conferencia de prensa a un inmigrante legal como yo, con un pasaporte estadounidense y que sale en la televisión, no dudaría en expulsar del país a inmigrantes más vulnerables. Una entrevista o un diálogo con un periodista de Univision o de cualquier otro medio en español no le convenían a su plan de criminalizar a una minoría indefensa.

Trump había definido su postura y yo también.

Me han acusado de ser un activista. No lo soy. Soy, sencillamente, un periodista que hace preguntas.

Pero cuando hay un político, como Trump, que miente constantemente, que hizo comentarios racistas, sexistas y xenófobos, que atacó a jueces y periodistas, y que se comportó como un *bully* durante la campaña presidencial, no te puedes mantener neutral. Ser neutral ante él sería normalizar su comportamiento y él no es un buen ejemplo, ni siquiera para los niños. Nuestra principal labor social como periodistas es cuestionar a los que tienen y a los que buscan el poder.

Esa es la razón por la que en la conferencia de prensa con Trump no me senté ni me callé. De alguna manera me había estado preparando durante toda mi carrera para ese momento.

Durante más de tres décadas había tenido la oportunidad

de trabajar con absoluta libertad como reportero en Estados Unidos. Me fui de México por la censura y no estaba dispuesto a callarme ahora.

Pero el país que me había ofrecido total libertad de expresión y una promesa de igualdad estaba cambiando dramáticamente. Una parte de la sociedad estadounidense, a veces al margen de los medios de comunicación más dominantes, mostraba una creciente ansiedad y resentimiento contra las minorías y los extranjeros. Los culpaba equivocadamente por sus desgracias personales y por los grandes males del país.

El proceso no era nuevo. Había tomado fuerza tras la primera elección de Barack Obama y, a pesar de algunos rasgos de irracionalidad, fue buscando durante años presencia y legitimidad entre los grupos más conservadores del país. Trump no era el líder de ese movimiento, pero lo supo leer correctamente y sacarle una ventaja electoral.

Así es como, paulatinamente, me fui convirtiendo en un *stranger* en el mismo país donde había trabajado más de la mitad de mi vida y donde habían nacido mis dos hijos.

A pesar de todo, no puedo negar que el grito "lárgate de mi país, lárgate" me tomó por sorpresa.

De hecho me sigue retumbando en los oídos.

Lejos de casa

No se puede volver a casa", escribió el escritor español Javier Cercas. Y después de leerlo en su libro *La verdad de Agamenón,* me dieron ganas de gritarle: "No me digas eso, Javier, por favor, que me he pasado la mitad de mi vida pensando en volver".

Regresar a casa es como una obsesión para todos los que nos fuimos. En ocasiones se trata de planes concretos pero, en otras, no es más que un intenso deseo de recuperar esa sensación de seguridad y felicidad que alguna vez disfrutamos.

Cuando decimos *casa* no necesariamente nos referimos a un lugar concreto. Se trata, sobre todo, de esa idea de pertenecer a algo; de sentir que somos de un pedazo específico del planeta y que la gente que vive ahí nos cuida y nos quiere.

El problema es que esa casa está idealizada. Esa casa empieza a cambiar en el preciso momento en que nos vamos. La dinámica de un hogar se modifica cuando uno de sus miembros se va. Además, la percepción interior de lo que es nuestra casa —*home*, en inglés— está vinculada a un momento específico. La casa que yo tanto extraño es donde crecí como niño y adolescente en los años sesenta y setenta. Aunque físicamente pudiera volver a vivir ahí, la casa que tanto añoro ya desapareció. Y sin embargo, la sigo buscando. Todos los días.

El subtítulo de uno de mis libros es "Un periodista en busca de su lugar en el mundo". A eso precisamente me refiero cuando hablo de mi casa.

Me he mudado tantas veces de casa en Estados Unidos, entre Miami y Los Ángeles, que ya he olvidado las direcciones. Pero nunca se me olvida la calle Hacienda de Piedras Negras, ni el número de la casa donde crecí en la colonia Bosques de Echegaray en la gigantesca Ciudad de México.

Me fui, pero no me quería ir.

Los emigrantes no se van porque quieren. Son casi obligados a convertirse en extranjeros en una tierra nueva. Algo muy poderoso los expulsa y algo igualmente fuerte los atrae a otro país. Es mucho más que solo una aventura exploratoria. Cuando se dan las condiciones de expulsión y atracción, la decisión de emigrar es inminente.

¿Quién va a querer dejar a sus papás, hermanos y amigos? Lo ideal sería crecer, trabajar y vivir con los que te quieren. Pero no siempre se puede.

No hay nada más extraordinario que la decisión de emigrar, nada es más extraordinario que la acumulación de emociones y pensamientos que llevan a una familia a decir adiós a la comunidad donde han vivido durante siglos, a abandonar viejos vínculos y rincones familiares, y a lanzarse a través de mares oscuros a una tierra extraña.

Estas palabras de John F. Kennedy, escritas en 1958, el año que nací, me hacen pensar que el asesinado ex presidente entendía perfectamente lo que significa ser un inmigrante. Después de todo, sus ocho bisabuelos cruzaron el Atlántico desde Irlanda para llegar a Estados Unidos.

Estoy de acuerdo. Convertirme en inmigrante fue la decisión más difícil y extraordinaria de mi vida.

Y junto al agradecimiento a Estados Unidos por haberme recibido y aceptado hay una genuina añoranza por lo que dejé en México. La cercanía geográfica, la vecindad fronteriza, la tecnología digital y telefónica, y cientos de vuelos me han mantenido en frecuente e intenso contacto con México durante estos años. Pero por más que haya hecho un esfuerzo por estar al tanto de lo que ocurre en mi país de origen, poco a poco la distancia y el desconocimiento se van imponiendo. No es lo mismo leer sobre México y ver reportajes por internet o televisión que vivir ahí.

Muy a mi pesar, y a veces de forma dolorosa, me he dado cuenta de que he perdido la capacidad de aguantar las salsas mexicanas más picantes. Esas que antes apenas me hacían parpadear hoy me harían llorar. Y digo harían porque ya ni siquiera me atrevo a probarlas. Mi estómago y mi lengua han ido imponiendo su distancia. Algo similar me ha ocurrido con el país. México, claramente, no es el mismo que dejé y he ido perdiendo el contacto con lo que más les gusta y con lo que hace llorar a los mexicanos. Lo veo y me lo imagino, pero tras 35 años fuera ya no puedo decir que lo entiendo todo. Mi boca dice otra cosa.

Stranger

———

La palabra en inglés *stranger* refleja con precisión, pero también con dolor, la manera en que muchas veces me siento en Estados Unidos. *Stranger* es un extraño, alguien que no pertenece a ese lugar, que viene de fuera. Es también un intruso y sugiere un peligro para el grupo. Pero, sobre todo, un *stranger* es un desconocido.

Llevo más de tres décadas trabajando en la televisión en español de Estados Unidos y todavía soy un *stranger* para millones de norteamericanos. Algunos seguramente me han visto en algún programa de televisión en inglés, han leído sobre mí o me siguen en Twitter o Facebook, pero eso no significa que me sientan parte de su colectividad.

Siempre seré un extranjero.

Soy el otro.

Soy el de fuera.

Soy un *stranger*.

A pesar de tener dos hijos nacidos en Estados Unidos. A pesar de haberme convertido en ciudadano estadounidense y tener un pasaporte azul. A pesar de vivir en este país desde 1983. A pesar de haber hecho todo lo que hay que hacer para integrarse: aprender inglés, pagar impuestos, estudiar sus costumbres, respetar sus tradiciones y contribuir en todo lo que pueda al país que me adoptó.

Nada de esto parece haber sido suficiente.

Quizás el problema fueron mis expectativas. Sí, soy un inmigrante nacido en México. Pero pensé que, tras pasar en Estados Unidos más de la mitad de mi vida, sería totalmente aceptado en mi nuevo país.

No ha sido así.

La fórmula no cuajó por completo. Se supone que un inmigrante debería poder integrarse con relativa facilidad a una nación creada por inmigrantes. Pero nunca imaginé todos los obstáculos que existen para que eso ocurra.

Muchas veces he pensado que tal vez fue mi culpa. Tengo muchísimos amigos y compañeros que son estadounidenses y que solo hablan inglés. Pero desde que llegué a Los Ángeles me he juntado con gente que habla español, que son extranjeros como yo. Y supongo que no ayuda mucho haber trabajado siempre en un canal de televisión que transmite en castellano para latinos y latinoamericanos. Podrían culparme, con cierta razón, de alejarme de la esencia de la nación —aunque esa esencia esté cambiando rápidamente— y escoger una de sus orillas, la periferia. La verdad, ahí es donde me siento a gusto.

Soy de los que hablan con acento, que se mueven de una

cultura a otra, que saltan de país como de idioma, que vienen de otro lado y que se han acostumbrado a ser una minoría. No crecimos con poder, dinero ni influencia. Todo costó y cuesta trabajo. Lo nuestro es movernos, mudarnos, cambiarnos.

Hemos sufrido muchas transformaciones, empezando por la manera de llamarnos. A veces somos mexicanos, guatemaltecos, venezolanos o argentinos. Otras, latinos o hispanos. Quizás cubanoamericanos o algún tipo de combinación que termine con la palabra americano. Tal vez estadounidenses. Y en muchas ocasiones podemos ser todo lo anterior o una cuidadosa suma de términos, como mi hijo Nicolás que es *portocubanomexicanoamericano*, o como mi hija Paola, que es cubana, española, mexicana, estadounidense y podría tener tres pasaportes.

Sin embargo, las mezclas aterran a algunos estadounidenses. Por más que tratemos de recitar el *Pledge of Allegiance* sin acento o cantar el *Star-Spangled Banner* con entusiasmo, nunca nos verán como parte de ellos.

Soy de los otros.

Decir que Estados Unidos es también nuestro país es una audacia que muchos no perdonan. Alguna vez, durante la transmisión de un programa musical en Univision, me invitaron a dar un breve discurso. No pasó del minuto. Ahí dije que "Estados Unidos es también nuestro país, no solo de ellos".

Donald Trump acababa de tomar posesión y algunos de sus votantes asumían que se acercaba el momento de la venganza. A pesar de todo, yo dije que Estados Unidos era nuestro país... porque lo es.

Estados Unidos es de todos los estadounidenses, independientemente de su raza, religión u origen étnico. No es solo de la mayoría blanca, de los que votaron por Trump o de los ricos. Mucho menos es de los racistas o de los grupúsculos de supremacistas blancos que tanto han crecido últimamente.

En muchos sentidos Estados Unidos también es de los inmigrantes y de los extranjeros que lo han hecho un gran país. ¿Cómo quitarle ese crédito a los que nos dan de comer, a los que construyen nuestras casas y a los que cuidan a nuestros hijos? ¿Cómo restarles importancia a todos los extranjeros y visitantes que enseñan en nuestras escuelas y hacen investigaciones en nuestras universidades?

¿Cómo olvidarnos de todos los inmigrantes cuyas inversiones, aportaciones e invenciones han puesto a Estados Unidos al frente de la ciencia, el arte, las finanzas y la medicina? Según un estudio del Partnership for a New American Economy publicado en 2011, más del 40 por ciento de los fundadores de las empresas Fortune 500, como Apple, Google, AT&T, Colgate, eBay, General Electric, IBM y McDonald's, entre otras, fueron creadas por inmigrantes o sus hijos.

Sí, Estados Unidos es nuestro país.

De todos nosotros.

De los extranjeros y de los nacidos aquí.

Tuyo y mío.

Por decir algo tan sencillo recibí múltiples ataques verbales en las redes sociales y en algunos de los medios más conservadores del país. A mis críticos les parecía impensable que tuvieran que compartir "su país" con nosotros. No les cabía en la cabeza que otros —los otros— también se sintieran parte y dueños de Estados Unidos.

Claro, algunos pensaron que cuando yo dije que este era "nuestro país" me estaba refiriendo solo a los latinos y a los inmigrantes. Nunca dije eso. Los hispanos y los extranjeros que llevan años viviendo en Estados Unidos no podrían ni querrían ser los únicos propietarios de esta nación, pero nadie nos va a quitar el derecho de decir que Estados Unidos también es nuestro.

Sin embargo, sigue existiendo mucha resistencia a integrar a todos los grupos que conforman a Estados Unidos. Hay tuits que dicen mucho.

El congresista de Iowa, Steve King, escribió en Twitter en marzo de 2017 el siguiente comentario sobre el político holandés de ultraderecha Geert Wilders: "Wilders entiende que la cultura y la demografía son nuestro destino. No podemos restablecer nuestra civilización con los bebés de otras personas".

¿Cuál es esa civilización que el congresista King y otros como él quieren restablecer? ¿Incluye a todos o solo a los blancos de origen europeo?

Durante la campaña electoral de 2016 estuve filmando un documental llamado *Hate Rising* (*Sembrando odio*) junto con la directora Catherine Tambini y los productores Verónica Bautista y Dax Tejera. El propósito era denunciar el peligroso crecimiento de los grupos racistas y de las expresiones de odio en Estados Unidos. Pero lo más importante era tratar de entender por qué odian los que odian.

Recorrí todo Estados Unidos. Hablé con una mujer musulmana que fue atacada en un restaurante —le cortaron la cara con un vaso de cerveza— por hablar con sus familiares en un idioma distinto al inglés; escuché a los llorosos niños de una escuela que temían que sus padres fueran deportados si se implementaban las nuevas políticas antiinmigrantes de Trump; acompañé a un *homeless* mexicano, enfermo de cáncer, quien fue pateado en la calle por simpatizantes del candidato republicano a la presidencia; fui testigo de la tragedia que dejó en la comunidad LGBTQI el ataque a la discoteca Pulse en Orlando; recibí información del valiosísimo y valiente Southern Poverty Law Center sobre la manera en que operan en internet los grupos supremacistas blancos en Estados Unidos; y entrevisté a miembros del Ku Klux Klan y de la llamada *alt-right* (o derecha alternativa).

Uno de los entrevistados me dijo a la cara y sin la menor señal de ironía que, eventualmente, yo me tendría que ir de Estados Unidos solo por ser hispano. Él decía que peleaba por los blancos de la misma manera en que yo peleaba por los latinos. La diferencia —la gran diferencia— es que yo no pretendo excluir a nadie de Estados Unidos y él me quería excluir a mí y a los demás hispanos.

Pero esa no fue la única muestra de rechazo que recibí.

En un aislado paraje de Texas, en una propiedad privada, uno de los líderes locales del Ku Klux Klan me aseguró que él era superior a mí por el simple hecho de ser blanco. Cuando le dije que, a pesar de todo, Estados Unidos era nuestro país, suyo y mío, no se pudo contener y solo escupió las palabras: "No lo es". Al final de la entrevista no me quiso dar la mano. Estaba muy claro que no quería ni siquiera tocarme.

Por cosas así es que me siento como un extraño en Estados Unidos.

La verdad es que nunca seré suficientemente estadounidense para muchos estadounidenses. Y tampoco volveré a ser suficientemente mexicano para muchos mexicanos.

Vivo como un *stranger*.

Mi camino al norte

————

Mi proceso de americanización ha sido largo, inconstante e incompleto.

Estados Unidos era, de niño, la serie de televisión *Combate* y las canciones que de vez en cuando escuchaba en la radio del auto de mi papá.

La primera vez que vine a Estados Unidos creo que no había cumplido los 10 años de edad. Mis abuelos paternos, Gilberto y Raquel, tenían la costumbre de viajar una vez al año a Laredo, Texas, desde la Ciudad de México, para comprar todas las cosas que no había en México, desde ropa y medicinas hasta utensilios de cocina y juguetes para nosotros.

El regreso de mis abuelos era muy esperado por toda la familia. Nos traían regalos a todos y el día que llegaban de viaje comíamos dulces que no había en México: chiclosos y chocolates de marcas estadounidenses y unos caramelos de limón con azúcar que me encantaban.

Una vez, yendo al cine, se me atoró uno de esos caramelos en la garganta y mi papá me tuvo que agarrar de los pies para que saliera el dulce y no me ahogara. Nunca más volví a comer esos caramelos. Pero nos sentíamos afortunados. Estados Unidos era el maravilloso lugar donde había dulces que no podíamos encontrar en México.

Siempre me intrigó. ¿Cómo sería ese lugar? Imposible imaginar que muchos años más tarde sería mi casa.

Un buen día mi abuelo les dijo a mis papás que me quería invitar a su viaje anual a Laredo y yo acepté gustoso. Recuerdo que compré varios libros de cómics para leer en el largo trayecto de casi un día y que dormí durante horas en la parte de atrás del coche.

Descansamos en casa de unos familiares en Ramos Arizpe, Coahuila, y al día siguiente nos fuimos a la frontera. No recuerdo ningún contratiempo al entrar en Estados Unidos por auto. Los semáforos, la limpieza de Laredo y, sobre todo, las tiendas, me impresionaron.

Acompañé a mis abuelos a hacer sus compras. Y lo que noté fue que había mucho de todo. A diferencia de México, Estados Unidos era el lugar de la abundancia.

Mi segundo viaje a Estados Unidos fue con toda la familia. Después de ahorrar durante años, mi papá nos pudo llevar a mis hermanos y a mí a Disneylandia, cerca de Los Ángeles, California. Era el sueño de cualquier niño.

El orden y la pulcritud del parque de diversiones y sus alrededores —con jardines inmaculados y el césped recién cortado— contrastaba con la caótica Ciudad de México de donde yo venía. Sin saberlo, esos viajes estaban dejando una importante huella en mi mente e influirían en mis decisiones casi dos décadas después.

Mi adolescencia en México transcurrió con más música en inglés que en español. Aún recuerdo los concursos de las estaciones de radio en que ponían a competir a los Bítles (así llamábamos a los Beatles) y a los Monkeys y donde los oyentes llamaban para apoyar a su grupo favorito. La banda sonora de mi vida está llena de canciones de James Taylor, Jim Croce, Elton John, Cat Stevens y John Denver. En las fiestas bailábamos con Chicago y Stevie Wonder y siempre esperábamos las canciones lentas de Bread para sacar a bailar en las fiestas a la chica que más nos gustaba. Lo chistoso es que la gran mayoría de las veces mis amigos y yo tarareábamos estas canciones y las repetíamos fonéticamente, pero no teníamos ni la menor idea de lo que estábamos cantando.

Mi inglés era el que champurreaba con música de fondo.

Al terminar la preparatoria en la Ciudad de México, dos de mis mejores amigos, Benjamín Beckhart y Gloria Meckel, hicieron planes para irse a realizar sus estudios universitarios en Estados Unidos. Benjamín se iría a la universidad de Wharton en Pittsburgh y Gloria a Rice en Houston. Les tenía envidia de la buena.

En casa no había dinero para ir a una universidad privada en México y mucho menos en Estados Unidos. Pero hice mis planes. Solicité el ingreso a varias universidades en Estados Unidos e Inglaterra y pedí una de las becas que ofrecía el gobierno mexicano para estudiar en el extranjero. Tras un montón de engorrosos trámites burocráticos, me negaron la beca.

No tuve más remedio que quedarme en México.

Estudiaba la carrera de comunicación en las mañanas en la

Universidad Iberoamericana y, en las tardes, trabajaba en una agencia de viajes para pagar la escuela. Un par de años después conseguí un empleo en la principal estación de radio de México, la XEW, cuyo lema era "la voz de América Latina desde México". Estaba estudiando comunicación y trabajar en radio me pareció que iba más de acuerdo con mi futura profesión.

Mi trabajo era de asistente. De todo y de todos. El director de la estación consideraba que no tenía la voz necesaria para estar al aire y me limitaba a escribir o a hacer investigaciones para otros reporteros y conductores.

Pero todo cambió el 30 de marzo de 1981.

Un pistolero, John Hinckley, había tratado de asesinar al presidente Ronald Reagan a la salida de un hotel. Reagan se encontraba herido en un hospital de Washington y el mundo aguantaba la respiración.

Tras conocerse el atentado, el director de noticias de la estación de radio salió a la sala de redacción, juntó a todo el personal y preguntó: "¿Quiénes de ustedes hablan inglés?". Unos pocos levantamos la mano. Y luego dijo: "¿Y tienen su pasaporte y visa en orden?". Fui el único que se quedó con la mano levantada. "Ramos, te vas a Washington ahoritita mismo", ordenó.

Y me fui.

Era, sin duda, el reportero con menos experiencia de toda la sala de redacción y nunca había sido enviado a ningún lado a cubrir una noticia. Apenas era el asistente del asistente. Pero el rudimentario inglés que había aprendido en primaria y la obsesión de tener mi pasaporte siempre listo me dieron una primera y gran oportunidad.

Mi trabajo, tengo que reconocerlo, dejó mucho que desear.

No sabía cómo hacer una buena entrevista ni cómo armar correctamente un reportaje para la radio. Pero cumplí.

Además del enorme reto profesional, lo más importante para mí fue vivir en carne propia un pedazo de la historia desde la capital de la nación más poderosa del mundo. Poco se sabía de las motivaciones y de los contactos de Hinckley y hubo momentos en que muchos creyeron que el presidente Reagan podría morir. El mundo veía a Washington y yo estaba ahí.

Antes de ese viaje aún consideraba meterme en la política, ser psicoanalista o profesor universitario. Pero tras esa experiencia me convencí de que quería dedicar mi vida al periodismo. Quería estar en los lugares donde se hacía historia y conocer a las personas que la hacían. Además, alguien más pagaría mis boletos de avión. Era la combinación perfecta.

A mi regreso entendí que la radio en México, salvo muy raras excepciones, no me permitiría viajar como reportero por el mundo. Para lograr eso tenía que pasarme a la televisión. Hice un plan.

Al poco tiempo conseguí un trabajo como redactor en un noticiero de televisión de la cadena Televisa y, más tarde, me ofrecieron el trabajo de corresponsal en el programa *60 Minutos* (del mismo nombre que tenía el original en Estados Unidos).

No había podido ir a estudiar la universidad a Estados Unidos, pero mi carrera avanzaba rápidamente. Me tocó cubrir la erupción del volcán Chichonal en marzo de 1982. Por tratar de acercarnos tanto al volcán, la ceniza se filtró en el motor del auto en el que viajábamos y quedó inservible. Pérdida total. Así, mi equipo y yo nos quedamos atorados en una cañada donde se acumulaba el gas y podría haber explosiones por el intenso calor. Al final, un grupo de campesinos que también huía por esa cañada nos ayudó a escapar del peligro.

Sin embargo, yo estaba interesado en otro tipo de erupciones.

Apenas en mi tercer reportaje se me ocurrió criticar al presidente de México y la falta de democracia en el país. Los presidentes mexicanos desde 1929 hasta el año 2000 se escogían por *dedazo,* lo cual significaba que el presidente en turno literalmente señalaba con el dedo al que escogía como su sucesor. Era un asunto tan obvio para todos. Pero sorprendentemente nada de eso se hablaba en las noticias por televisión. Por eso pensé que denunciarlo era una buena idea. Bueno, no a todos les pareció tan buena idea.

En esa época, a principios de los años ochenta, había una censura directa de la presidencia a los medios de comunicación. Nada salía sin la bendición del gobierno mexicano. Así que mi jefe —quien, por cierto, también era el director de un equipo de fútbol— me obligó a cambiar el guion. Al negarme a hacerlo, puso a otro reportero a escribir lo que yo debía decir.

No quería ser un periodista censurado. Sabía que trabajar en la televisión era la oportunidad que había estado buscando toda mi vida. Pero no lo iba a hacer a cualquier costo. Lo pensé un par de días y finalmente escribí mi carta de renuncia el 28 de junio de 1982. "Lo que se me pidió que hiciera —escribí— va en contra de mi honestidad, principios y profesionalismo... El haberlo hecho sería también atentar contra la más sencilla y clara idea de lo que es el periodismo: buscar la verdad".

Y me fui de la televisora.

Recuerdo que luego de repartir varias copias de mi renuncia al dueño de la empresa y a sus directores regresé a mi casa, busqué a mi mamá y le dije: "Quemé las naves". Era joven, pero tenía las cosas muy claras.

Esa decisión de no aceptar la censura marcó el resto de mi vida.

Acababa de graduarme de la universidad. No tenía trabajo ni dinero y se me habían cerrado casi todas las puertas en los medios de comunicación en México.

Así, a los 24 años de edad tomé la decisión más difícil y trascendental de mi vida. No solo renunciaba a la televisión: también me iría de México.

La conclusión era clara. Si me habían censurado en la estación de televisión más importante de México, ¿qué podría esperar de otros medios más pequeños?

Vendí mi vochito, un destartalado Volkswagen, conseguí unos dólares, dejé mi casa, mis amigos, mi familia, mis sabores y rincones, y compré un boleto, solo de ida, a Los Ángeles, California.

Eso fue el 2 de enero de 1983.

Uno no nace con la idea de convertirse en inmigrante. La mayoría de las veces uno es forzado a irse de su país. Esta es la historia que se repite entre los 250 millones de inmigrantes que hay en el mundo.

Yo soy uno de ellos.

Recuerdo perfectamente el día en que llegue a mi nación adoptiva. Eso no lo olvida nunca un inmigrante. Era casi de noche y el sol estaba metiéndose. Pero lo que más recuerdo es que estaba caminando en un estacionamiento y que todo lo que tenía —una maleta, una guitarra y unos documentos— lo podía cargar con las dos manos.

Esa sensación de completa libertad no la he vuelto a sentir en mi vida.

Llegué con una visa de estudiante. La Universidad de California en Los Ángeles (UCLA) ofrecía un curso de extensión de un año de televisión y periodismo, y me aceptaron. Pero primero tenía que aprender bien el inglés. O saber lo mínimo necesario para entender y pasar los cursos.

No fue fácil. Yo había estudiado inglés en la primaria y un poco en la secundaria en México, pero mi manejo del idioma era muy rudimentario. Las canciones que recordaba en inglés eran un montón de letras que en realidad no significaban nada para mí. Como ocurre muchas veces cuando estás aprendiendo un nuevo idioma, lo entendía mejor de lo que lo podía hablar. Sufrí en mis primeras clases de escritura, pero mis maestros en UCLA fueron sumamente comprensivos. Estaba empezando prácticamente desde cero. Recuerdo todavía que en esa época me aprendí una frase para justificar mi incapacidad de comunicarme correctamente en inglés: *"I'm still learning English but I have no command of the language"*.

Cuando les contaba a mis compañeros de clase que era de México, una de las respuestas más frecuentes era *"but you don't look Mexican"*. Fue uno de mis primeros enfrentamientos con los rígidos estereotipos que existían respecto a los inmigrantes en Estados Unidos. Sí, tenía el pelo castaño y los ojos verdiazules, pero era de México.

Décadas más tarde, el prejuicio se mantenía. Un conductor de la televisión me dijo al aire que no entendía por qué yo era latino si era más blanco que él. Claramente no comprendía que los latinos no somos una raza distinta, solo un grupo étnico diferente.

Durante una visita a una estación local de televisión en Los Ángeles, le pregunté con ingenuidad al director de noticias si él creía que yo podría trabajar algún día como reportero en Estados Unidos. Su respuesta fue pura honestidad. Me dijo que con mi inglés tan básico jamás lo podría hacer. Y añadió algo que me sorprendió. Me dijo que tampoco trabajaría en mi propio idioma, ya que los medios en español iban a desaparecer debido a que los latinos se estaban asimilando rápidamente.

Tuvo razón respecto a trabajar en inglés. Había veces en que ni siquiera yo entendía lo que decía. Tuvieron que pasar más de tres décadas para tener mi primer programa en inglés en la cadena Fusion. Pero ese director de noticias estaba totalmente equivocado respecto al futuro de la televisión en español.

A principios de los años ochenta la población hispana de los Estados Unidos comenzó a crecer rápidamente. Pasaríamos de unos 15 millones a unos 55 millones en poco más de 30 años. De hecho, yo me subí a la cresta de la ola latina.

Con lo poco que tenía sobreviví como estudiante el primer año. Mi dieta consistía en mucho pan, lechuga y unas cajitas de arroz y fideos que calentábamos a escondidas en nuestra habitación en la Pink House. Así llamábamos a nuestra casa de estudiantes, que administraba un mexicano cerca de la universidad, por su brillante color rosado. No era legal rentar habitaciones en la elegante zona de Westwood en Los Ángeles, pero en esa casa caíamos los estudiantes que no podíamos pagar más en apartamentos privados o en los dormitorios de la universidad.

Pagaba solo cinco dólares la noche, pero era solo para dormir. Los seis o hasta ocho estudiantes en la casa de dos pisos no teníamos acceso a la cocina. Por eso cocinábamos en los closets —y hasta en los baños— sin que se diera cuenta el dueño de casa. Comer fuera era para nosotros un lujo que no nos podíamos permitir.

Esa Pink House fue mi primera gran lección de diversidad y tolerancia en Estados Unidos. Al principio compartí un pequeño cuarto con Charles, un estudiante de herencia asante de Ghana y luego pasé a otra habitación —un poco más grande, pero con una cama con un hueco enorme en el centro— con Emil, de Irán. Tuve largas conversaciones religiosas con Hashmi, un estudiante musulmán de Pakistán, y vi entrar y salir a varios estudiantes de Brasil, Corea del Sur y otras partes del mundo.

El ambiente de la Pink House estaba lleno de energía. No hay nada como descubrir el mundo por primera vez y tener muy poco dinero para hacerlo. Todo te parece una aventura y un privilegio. Pero la casa también estaba cargada de nostalgia.

Una vez vi cómo le regresaron a Charles un montón de cartas que le había enviado durante meses a su pareja en Ghana. Por alguna razón no las pudieron entregar. Charles lloró inconsolable durante días y nunca supe si la relación soportó ese terrible error del sistema de correos.

En el piso de abajo, Jorge, el dueño de la casa, no sé cómo se las ingenió para que nos pusieran un teléfono público. Los fines de semana sobre todo, ahí nos llamaban nuestras familias. En esa época era carísimo hacer llamadas internacionales. Una vez uno de los estudiantes se las ingenió para pegar una moneda de 25 centavos a un hilito que subía y bajaba por la rendija del teléfono. Con ese truco no gastábamos tanto en llamadas. Esa fue la solución para llamar a casa sin límite de tiempo... hasta que se enteró la compañía telefónica y el aparato quedó totalmente desactivado. Esa fue una verdadera tragedia. Durante meses no nos pudimos comunicar con nuestras familias.

Para aprender inglés y conocer mejor Estados Unidos compré un aparato electrónico que tenía un pequeño televisor blanco y negro, un radio y una casetera. Ese aparato, muy barato, fue mi gran maestro. Veía programas en inglés y practicaba, al mismo tiempo, la pronunciación de un idioma que se rebelaba contra mí.

Fue ahí mismo donde vi por primera vez un noticiero en español. Era el canal 34 de Los Ángeles. Mis clases en UCLA eran en las noches. Los días que no tenía que ir a la universidad siempre buscaba el noticiero local a las seis de la tarde.

Antes de salir de México un amigo me había dado el nombre del director de noticias del canal 34, Pete Moraga. Un buen día pedí una cita y él amablemente me recibió sin conocerme. Estaba por terminar el curso de un año en UCLA Extension, y podía trabajar hasta por dos años con un ajuste migratorio a mi visa de estudiante conocido como *practical training*. Además, yo no me quería regresar a México así que le pedí trabajo.

La primera vez me dijo que no había nada disponible, pero que siguiéramos en contacto. Seguí insistiendo. La segunda vez me dijo que sí.

El 2 de enero de 1984, exactamente un año después de llegar a Los Ángeles, comencé a trabajar como reportero. Me pusieron a prueba tres meses. Fue un curso intensivo en civismo, política local y periodismo en Estados Unidos. Pero la gran maravilla es que nadie me decía qué decir ni qué no decir. No había ningún tipo de censura. Estaba muy lejos de México.

Desde entonces hay dos cosas que nunca he dejado de admirar de Estados Unidos: una, su maravillosa libertad de prensa protegida por la primera enmienda de la constitución. Sí, es la primera enmienda, no la segunda ni la tercera. Y dos, la frase en su Declaración de Independencia que dice que todos los hombres y mujeres fuimos creados iguales.

Libertad e igualdad.

Así había vivido en Estados Unidos desde principios de los años ochenta: con absoluta libertad para reportar lo que quisiera. Siempre fui tratado con total igualdad, a pesar de ser un inmigrante con acento.

Hasta que llegó Donald Trump.

La revolución ya llegó

⎯⎯⎯⎯⎯

Estados Unidos está cambiando, es cada vez más diverso, mixto, multiétnico, multirracial, multicultural, y nadie, ni Trump, lo puede evitar.

El año clave es 2044.

En ese año, más o menos, según proyecciones de la Oficina del Censo, los blancos (no hispanos) dejaran de ser mayoría en Estados Unidos. Todos, blancos, afroamericanos, hispanos, asiáticos y nativos americanos, seremos minoría. Esto significa que en este país habrá caras nuevas, acentos distintos, muchas combinaciones de colores y orígenes, y comida, música y arte de todo el orbe.

Estados Unidos, la principal potencia económica y militar del mundo, está a punto de convertirse en una representación global del planeta, y eso requiere una enorme dosis de tolerancia. Ese futuro ya puede verse hoy en día en las escuelas primarias y en las salas de recién nacidos de ciudades como Los Ángeles, Miami y Nueva York.

En ese 2044 las proyecciones indican que los blancos no hispanos serán solo un 49.7 por ciento de la población, los latinos un 25.1 por ciento, los afroamericanos un 12.7 por ciento, los asiáticos un 7.9 por ciento, y el 3.7 por ciento serán personas multirraciales.

Aquí hay dos cuestiones fundamentales. Una es la disminución de la población blanca no hispana de un 62.2 por ciento en 2014 a menos de la mitad en 2044, tendencia que seguirá hasta llegar al 44 por ciento en 2060.

La segunda cuestión clave es la confirmación del crecimiento de la población latina (115 por ciento) y asiática (128 por ciento) en el corto periodo que va de 2014 a 2060.

Las proyecciones indican que los hispanos pasaremos de ser unos 57 millones en 2015 a cerca de 100 millones en 2045 y casi 120 millones en 2060.

No hay ninguna magia o brujería en el futuro demográfico de Estados Unidos. Los blancos bajan y los hispanos y asiáticos suben. Así de sencillo. Pero eso es lo que incomoda a algunos de los seguidores de Trump.

Si tengo suerte, en 2044 tendré 86 años de edad. Pero no es necesario esperar tanto para ser testigo del cambio. Ya desde 2015 todos los bebés nacidos en Estados Unidos y menores de un año pertenecían a una minoría. El cambio viene desde abajo.

Estamos en medio de una verdadera revolución demográfica.

Esa es la revolución que vio Cesar Chávez, el líder histórico de la comunidad latina. En un discurso ante el Commonwealth

Club de Los Ángeles en 1984 pronosticó los cambios que vendrían.

> ¡Hemos visto el futuro y el futuro es nuestro! La historia inevitablemente está de nuestro lado —dijo—. Estas tendencias son fuerzas de la historia que no se pueden detener. Ninguna persona u organización puede resistirlas por mucho tiempo. Son algo inevitable. Y una vez que se inicia un cambio social ya no se puede revertir. No puedes quitarle su educación a una persona que ha aprendido a leer. No puedes humillar a una persona que siente orgullo. No puedes oprimir a gente que ya no tiene miedo.

California vive en el futuro. No es exactamente como Chávez se lo imaginó, pero ya el 1 de julio de 2014 los latinos habían superado a los blancos no hispanos como el mayor grupo de la población en California. Las cifras de la Oficina del Censo están ahí: 15 millones de latinos frente a 14.9 millones de blancos no hispanos.

Pero el poder no es proporcional al crecimiento poblacional. Aunque Chávez creía que los hijos y nietos de los campesinos sindicalizados iban a "dominar" la situación en los campos de California (aunque no llegaran a ser necesariamente los dueños de las tierras), eso es algo que no ha ocurrido todavía.

Lo que sí es cierto es que los cambios demográficos y generacionales han creado una nueva conciencia entre los latinos más jóvenes. Y el futuro sí es de ellos.

No solo seremos más, sino que cada vez tendremos más poder.

Este es un ejemplo que suelo usar con frecuencia. A principios de 2018 los latinos seremos el 18 por ciento de la población. Pero solo tenemos cuatro senadores. ¡Cuatro! Deberíamos tener 18. Nos faltan otros 14.

No se trata de cuotas ni de fórmulas sino del simple hecho de que una población debe tener la representación política que le corresponde. Y no la tenemos. Eso irá cambiando poco a poco.

A pesar de todo tenemos más congresistas que nunca, más senadores que nunca, más gobernadores hispanos que nunca y en 2016, por primera vez en la historia, hubo dos candidatos presidenciales de origen latino (los senadores Marco Rubio y Ted Cruz).

Cada vez tenemos más poder político.

Cada vez tenemos mejores niveles de escolaridad.

Cada vez tenemos mejores salarios.

Todo esto es un avance. Pero no es suficiente. Y tampoco es suficientemente rápido.

En los medios de comunicación ocurre lo mismo. "Las historias sobre latinos son menos del 1 por ciento de la cobertura noticiosa de todos los medios y, en la mayoría de los casos, se presenta a los latinos como criminales", según el estudio The Latino Media Gap. En 2013 ningún latino protagonizó ninguno de los 10 programas de televisión más vistos. Y entre 2010 y 2013 los hispanos eran solo un 1.1 por ciento de los productores de esos programas, 2 por ciento de los escritores y 4.1 por ciento de los directores.

El reto está en pasar de los grandes números al poder. Y eso se nota poco a poco. En 2016, Tom Llamas y Cecilia Vega fueron nombrados *anchors* del fin de semana en los noticieros a nivel nacional de ABC News, al igual que José Díaz-Balart en NBC News.

No estoy proponiendo que el creciente poder político, económico y cultural de los latinos se dé a costa de otros grupos. No se trata de excluir a nadie. Pero sí se trata de incluir a los latinos, una parte fundamental de la población estadounidense, que durante mucho tiempo ha sufrido racismo y discriminación.

Odio

A pesar de todo el progreso que hemos logrado, muchas veces estamos a la defensiva. ¿Por qué? Si somos una parte importante de Estados Unidos, si estamos creciendo tan rápidamente y consiguiendo cada vez más poder, educación y mejores salarios, ¿por qué hay ocasiones en que nos sentimos atacados?

La respuesta no tiene nada que ver con una baja autoestima ni con traumas psicológicos. Nos sentimos a la defensiva porque literalmente nos están atacando.

Hay una creciente resistencia a los cambios demográficos y sociales que está viviendo Estados Unidos y la respuesta de muchos sectores ha sido atacar a quienes perciben como una amenaza. Las declaraciones racistas y xenofóbicas de Trump parecen haber animado a muchos a expresar su rechazo a los grupos minoritarios.

Sanam Malik del Center for American Progress lo ha expresado mejor que nadie en un artículo llamado *"Race and Beyond: When Public Figures Normalize Hate"*:

> Llamándole teoría de "activación", la profesora de la Universidad de Princeton, Karen Stenner, argumenta en su libro *The Authoritarian Dynamic* que cuando la gente percibe una amenaza a la "unidad e igualdad" de su grupo, puede adoptar comportamientos más arriesgados y violentos. Figuras públicas y de los medios de comunicación pueden generar ese miedo cuando presentan a ciertos grupos de extraños como una amenaza.

El odio es contagioso y ese contagio viene de arriba hacia abajo. Como dijo el académico Francis Fukuyama en un tuit: "El mundo está generando un montón de mini Trumps fuera del radar".

Es imposible marcar una línea de causalidad directa entre las palabras de Trump y el *bullying* contra miembros de minorías. Pero tampoco podemos decir que se trata de una simple casualidad.

Tras los ataques y críticas de Trump a los inmigrantes y a los musulmanes aumentó el número de los llamados "grupos de odio" (xenófobos e intolerantes) en Estados Unidos. Pasaron de 784 en 2014 a 917 en 2016, según el Southern Poverty Law Center.

El aumento más dramático es el de los grupos antimusulmanes. Se triplicó de 34 en 2014 a 101 en 2016. Durante esos dos años hubo decenas de ataques a mezquitas en todo el país.

Asimismo, en el mismo periodo las agrupaciones vinculadas al Ku Klux Klan subieron de 72 a 130.

Yo he visto ese odio.

Nadie me lo contó.

En la parte de atrás de una casa en una pequeña población de Ohio me tocó presenciar, junto con un equipo de documentalistas, cómo una veintena de supremacistas blancos construyó una suástica con madera y clavos y, al anochecer, le prendieron fuego. Rodearon en un círculo la cruz encendida y luego, levantando el brazo derecho en un saludo nazi, empezaron a gritar: *"White power! White power!"* ("¡Poder blanco! ¡Poder blanco!").

No me suelo quedar callado. Pero durante casi tres horas, en la ceremonia de la quema de la suástica y en los discursos racistas que le precedieron, estuve sin decir una sola palabra. Tengo un claro acento al hablar inglés y no nos pareció, ni a mí ni a los periodistas y técnicos que me acompañaban, que fuera seguro hablar y expresar mis puntos de vista a favor de la diversidad y la tolerancia en una reunión de supremacistas blancos. Y menos si consideramos que algunos de ellos iban armados. La policía nunca apareció durante toda esa tarde.

Esa experiencia me recordó dos libros.

Uno, el revelador texto de James Baldwin, *The Fire Next Time,* publicado en 1963 y en el que describió con brutal claridad lo que pasa cuando una raza se siente superior: "La glorificación de una raza y la humillación de otra u otras siempre ha sido y siempre será una receta para matar".

El otro, el del ex presidente John F. Kennedy, *A Nation of Immigrants.* En su prólogo, Abraham H. Foxman escribe lo siguiente: "Aunque ya no hablamos de superioridad racial en esta época, todavía hay hoy grupos de odio que atacan a la inmigración que no es blanca y que piden a los estadounidenses que luchen contra una supuesta 'invasión' de Estados Unidos por parte de hispanos provenientes de México".

Esto se escribió a principios de los años sesenta, y debido a Trump y a muchos de sus seguidores, sigue teniendo una preocupante vigencia.

Las palabras importan.

Trump y sus seguidores nos han querido presentar a los inmigrantes latinos como un peligro para Estados Unidos. Ya dije que cuando Trump lanzó su candidatura aseguró que los emigrantes que enviaba México y el resto de América Latina traían drogas, aumentaban la criminalidad y eran violadores. Pero, una vez más, se equivocaba.

Se los voy a demostrar. Con datos y números.

No voy a defender a los inmigrantes indocumentados que son verdaderos criminales. Es cierto que un grupo muy pequeño de indocumentados ha cometido asesinatos, violaciones, robos a mano armada y otro tipo de crímenes serios. Lo sabemos porque cada vez que ocurre un incidente grave en el que está involucrado un indocumentado, la prensa más conservadora del país se encarga de resaltarlo y publicarlo. El problema es que muchas veces lo sacan de contexto y criminalizan a toda la población indocumentada.

Este es un tema que hay que tratar con mucho cuidado y respeto. He conversado con dos padres que perdieron a sus hijos en incidentes con inmigrantes indocumentados. Su dolor es inmenso. Escuché sus relatos y estaban cargados de hermosos recuerdos de sus hijos y de la terrible sensación de saber que no los volverán a ver más. Como padre no puedo ni imaginarme lo que sienten ni el vacío que existe en sus hogares.

Más allá del debate político, su argumento era que si esos indocumentados no hubieran estado en el país, sus hijos seguirían vivos. No tengo defensa ante ese argumento. Pero sí les dije que no me parecía justo que se persiguiera y atacara a toda una comunidad de millones de indocumentados por lo que hicieron dos personas. Sí, hay indocumentados que han cometido crímenes graves, pero la gran mayoría no es así.

De cualquier modo, la pérdida de estas familias es incalculable e irreparable. Se los dije en persona y lo repito aquí: lo siento muchísimo.

Ahora bien, ¿cuáles son los números reales de indocumentados que son criminales? En una entrevista con el programa *60 Minutes,* Trump dijo: "Lo que vamos a hacer es detener a la gente que tiene antecedentes criminales pandilleros, narcotraficantes. Tenemos a mucha de esta gente, probablemente dos millones, pero podrían ser hasta tres millones".

¿De dónde sacó Trump estas cifras? Nadie lo sabe, pero parece que se las inventó. Son hasta 10 veces más altas que los datos concretos que existen. Es su tendencia a exagerar. Según los cálculos del Migration Policy Institute, en 2012 solo 300,000 indocumentados habían cometido un crimen grave (o *felony,* en inglés).

Este número es un estimado con base en información proporcionada por el Department of Homeland Security al Congreso en 2012. En ese año había 11.2 millones de indocumentados en Estados Unidos. Es decir, solo un 2.6 por ciento de los indocumentados son responsables de un delito serio. Las cifras serían aún menores si no se considerara un crimen utilizar números falsos de seguro social. La verdad es que miles de indocumentados los usan para trabajar en empresas de Estados Unidos y sus jefes son totalmente conscientes de lo que están haciendo.

Aunque pueda sorprender a muchos, si nos guiamos por las estadísticas, proporcionalmente los indocumentados se comportan en general mejor que los propios estadounidenses. Hagan los cálculos. Los estadounidenses cometen tres veces más delitos serios que los indocumentados. De acuerdo con un estudio de la Universidad de Princeton, un 8.6 por ciento de la población adulta en Estados Unidos había cometido un crimen grave en 2010.

Conclusión: más del 97 por ciento de los inmigrantes indocumentados son gente buena, no "*bad* hombres", como sugirió Trump.

Más datos.

No es ningún secreto que la población indocumentada aumentó dramáticamente de 3.5 millones en 1990 a 11.2 millones en 2013. Sin embargo, durante ese mismo periodo, según recopiló el FBI, los crímenes violentos disminuyeron un 48 por ciento. A muchos esto les puede parecer increíble —sobre todo si siguen los sitios más conservadores en las redes sociales—, pero la realidad de las cifras nos dice que a más indocumentados menos crimen.

Parece broma, pero, ¿quieren menos criminalidad en sus ciudades? Traigan inmigrantes.

No los quiero marear con tantos datos, pero es importante demostrar con ellos que lo que dice Trump sobre los indocumentados es una mentira. Algunos, muy pocos, son miembros de pandillas y no se trata de una población que suele terminar en la cárcel. Según un estudio del Immigration Policy Center, solo un 1.6 por ciento de los hombres inmigrantes —de 18 a 39 años de edad— acaba en prisión en comparación con un 3.3 por ciento de los nacidos en Estados Unidos.

¿Quién dice la verdad?

El contraste es enorme. Trump, la prensa conservadora y los grupos antiinmigración presentan a los inmigrantes como violadores, asesinos, pandilleros, abusivos, golpeadores, tramposos, malhechores y falsificadores. La realidad es que todos los inmigrantes, indocumentados o no, cometen menos crímenes que los estadounidenses, son solidarios y generosos, ayudan a los que más lo necesitan y contribuyen enormemente al país que los recibió.

Hay, sin embargo, una acusación más. Que somos ladrones. Que no pagamos impuestos. Que estamos explotando el sistema económico de Estados Unidos para sacar el mayor provecho sin trabajar.

Bueno, ya saben lo que les voy a decir, eso también es falso. No es una cuestión de fe. Es un simple asunto de números.

No hay duda de que los inmigrantes, con papeles y sin ellos, cuestan mucho. Hay enormes gastos en educación, salud y servicios sociales. Pero sus contribuciones son mucho mayores que esos gastos.

Los indocumentados pagan impuestos, crean empleos y hacen los trabajos que nadie más quiere hacer. La pregunta es si son una carga o un beneficio para Estados Unidos. Para saber esto basta sumar todas sus contribuciones económicas y restarle el costo para la sociedad.

La National Academy of Sciences, que agrupa a los principales científicos e investigadores del país, hizo las sumas y las restas en 2016. Su conclusión es inapelable: los inmigrantes le generaron un beneficio a la economía de 54.2 mil millones de dólares de 1994 a 2013. Eso es un "excedente migratorio" o, como le dicen en inglés, *immigration surplus.*

Los inmigrantes aportan en promedio más de 2 mil millones de dólares anuales a la economía. Es un enorme superávit.

No solo eso. Los inmigrantes no les roban sus trabajos a los estadounidenses. "Hay muy poca evidencia de que la inmigración afecte los niveles de empleo de los nacidos en Estados Unidos", concluyeron los científicos sociales.

Los inmigrantes pagan impuestos. Muchos impuestos. Un informe publicado por el American Immigration Council calcula que los inmigrantes ganan aproximadamente 240 mil millones de dólares al año, pagan 90 mil millones en impuestos y utilizan unos 5 mil millones en beneficios públicos.

En esta era de *fake news* es fácil bombardear las redes sociales con noticias falsas sobre los inmigrantes. Y si el mismo presidente es quien distorsiona la realidad, promueve los estereotipos y se inventa mentiras, es complicado generar otra narrativa que contradiga al jefe de Estado. Pero el hecho de que Trump sea presidente no significa que tenga la razón.

¿Por qué nos ataca tanto Trump? ¿De verdad nos odia o es solo una postura política, primero para ganar la presidencia y ahora para sostener el apoyo de su base? No lo sé.

No sé si es un racista, pero sí sé que ha hecho comentarios racistas y despectivos.

No me interesa lo que hay dentro de la cabeza de Trump, pero sí sé lo que sale de su boca.

No hay ninguna invasión

Con escuchar un par de minutos a Trump uno podría suponer que Estados Unidos está a punto de ser invadido o que sufre de una gran amenaza del sur.

No es cierto.

No hay ninguna invasión de inmigrantes en Estados Unidos. Pero Trump quiere "un gran y hermoso muro" para detener una amenaza que solo existe en su cabeza.

El número de indocumentados en Estados Unidos se ha mantenido estable durante casi una década. De acuerdo con varios estudios realizados por el Pew Research Center, en 2016 había 11.3 millones de inmigrantes sin autorización, exactamente igual que en 2009.

Tampoco hay una conspiración de mexicanos para invadir Estados Unidos y recuperar la mitad del territorio que perdieron en la guerra de 1848. De hecho, cada vez hay más mexicanos diciendo *"goodbye"*.

Es cierto: hay más mexicanos yéndose de Estados Unidos que entrando. De 2009 a 2014 bajó en 140,000 el número de mexicanos que viven en Estados Unidos, según lo que dio a conocer el Pew Research Center. ¿Por qué? Porque quieren estar con sus familias, les incomoda vivir escondiéndose y huyendo de la *migra,* ya no ven tantos beneficios económicos de trabajar en Estados Unidos y las oportunidades en México han ido mejorando.

Por eso se regresan. Nunca se sintieron suficientemente a gusto en Estados Unidos como para cambiarlo por su país.

Fueron, siempre, unos extraños.

Más que una invasión de mexicanos hacia Estados Unidos, estamos viendo el final de cuatro décadas de una intensa y febril migración de México hacia el norte. De 1965 a 2015 hubo 16 millones de mexicanos que migraron hacia Estados Unidos. Se trata de una de las migraciones más grandes en la historia del país y del planeta.

Toda corriente migratoria tiene dos explicaciones: una, que algo empuja a las personas fuera de su país, y otra, que algo las atrae a un nuevo destino. Las condiciones de pobreza y subdesarrollo en México y el resto de América Latina fueron las principales causantes de que millones de personas decidieran irse a Estados Unidos. Pero Estados Unidos también es responsable de esta ola migratoria.

Los indocumentados están aquí por nosotros.

Todos somos cómplices de los indocumentados.

¿Te gusta la fruta? Seguramente te preguntarás qué tiene que ver esto con lo que estamos hablando. Mucho. No podríamos comer fruta en Estados Unidos y a precios razonables si no fuera por el trabajo de miles de indocumentados. Esa fresa, esa manzana, esas uvas que tanto te gustan, llegaron a tu mesa gracias al trabajo invisible de personas que no tienen permiso para laborar aquí.

La agricultura y la industria del servicio, desde hoteles hasta restaurantes, dependen de trabajadores no autorizados. La próxima vez que vayas a un restaurante o a un hotel, fíjate en la cocina. Suelen estar llenas de indocumentados, no importa si el restaurante es francés o japonés. Tú puedes decir que no apoyas la presencia en Estados Unidos de personas que llegaron ilegalmente. Pero de manera indirecta estás apoyando su presencia con tu cartera cada vez que comes una fruta, cada vez que vas a un restaurante o te hospedas en un hotel.

Nada ha beneficiado más la llegada de mexicanos a Estados Unidos que la ley migratoria de 1965 —Immigration and Nationality Act—, inspirada en las ideas del presidente John F. Kennedy. Dicha ley terminó con el sistema de cuotas nacionales, que daba preferencia a los inmigrantes europeos, y enfatizó la reunificación familiar y la entrada de personas talentosas.

Con la intención de terminar con la discriminación oficial, el 23 de julio de 1963 Kennedy propuso cambios a las leyes de inmigración en una carta al Congreso. El objetivo de su propuesta de ley era "reflejar en todos sus detalles los principios de igualdad y dignidad humana". Kennedy fue asesinado el 22 de noviembre de ese mismo año, pero sus ideas prevalecieron en la nueva ley aprobada en 1965.

El cambio ha sido patente. La mayoría de los inmigrantes que llegaron en los siglos XIX y XX venían de Irlanda, Italia,

Polonia y otros países europeos. Pero desde 1965 la mitad de los nuevos inmigrantes ha llegado de América Latina y una cuarta parte de Asia, lo cual ha transformado demográficamente a Estados Unidos.

Esto explica la ola mexicana. Pero esa ola ya se está acabando. En 2013, por dar un ejemplo, llegaron a Estados Unidos más inmigrantes de China (147,000) y de la India (129,000) que de México (125,000), de acuerdo con un reportaje del *Wall Street Journal*.

Esto no lo entiende Trump. Lo que él quiere es su muro con México —un muro absurdo y carísimo— para detener una invasión que solo existe en su imaginación. El muro de Trump será un elefante blanco: una construcción gigante, muy visible y totalmente inútil.

El muro inútil

———

E sta es la geografía de una estupidez.

México y Estados Unidos comparten 1,954 millas de frontera. Ya hay algún tipo de muro o cerca a lo largo de unas 700 millas. Por lo tanto, habría que extender esas barreras físicas al menos 1,200 millas más. Sería una estratosférica pérdida de tiempo y dinero.

A Donald Trump le encanta recordarnos que él es muy inteligente y que es un gran hombre de negocios. Pero si eso es cierto, entonces, ¿por qué quiere construir un muro que no va a detener migrantes ni drogas?

Según un estudio del Pew Research Center, alrededor del 45 por ciento de todos los indocumentados en Estados Unidos llegaron con una visa —muchos de ellos por avión— y luego se quedaron. Es decir, no importa qué tan largo o tan alto sea el muro, no podría parar a casi la mitad de los inmigrantes que se quedan ilegalmente en el país.

El muro, supuestamente, debería proteger a las ciudades que colindan con México. Pero resulta que esas comunidades se encuentran entre las más seguras en Estados Unidos. Una investigación del diario *The Texas Tribune* publicada en 2016 concluyó que "las comunidades fronterizas tienen niveles de crimen más bajos".

Ciudades fronterizas como Laredo, Brownsville y El Paso reportaron menos de 400 crímenes por cada 100,000 habitantes en 2014. "Son más seguras que San Antonio, Houston o Dallas", dijo en el reportaje el senador estatal Juan "Chuy" Hinojosa. "Las comunidades fronterizas son mucho más seguras que Washington o Chicago". En comparación, Houston reportó 991 crímenes y Dallas 665 por cada 100,000 habitantes ese mismo año.

Lo mismo ocurre en Arizona. En 2013, en un testimonio público, el *sheriff* Tony Estrada dijo que el condado de Santa Cruz, que colinda con Nogales, Sonora, "es un área muy segura y protegida". Esto a pesar de que al menos 100 túneles se habían descubierto entre Nogales, Arizona, y Nogales, México, para transportar drogas e indocumentados.

El muro tampoco pararía la entrada de drogas.

Esto es algo que no quieren escuchar en Estados Unidos, pero hay que decirlo. Mientras haya millones de estadounidenses consumiendo drogas, habrá narcotraficantes en México y en el resto de América Latina dispuestos a fabricarla y transportarla al norte. Un muro no va a terminar con los narcotúneles —y con otras creativas maneras de traer narcóticos y estupefacientes—, pues la demanda de drogas es enorme.

Estos son los terribles datos. En 2013 en Estados Unidos había 24.6 millones de personas que dijeron haber consumido algún tipo de droga el mes anterior, según el estudio del National Institute on Drug Abuse.

El negocio de las drogas es imparable mientras haya consumidores que lo sostengan. Joaquín "El Chapo" Guzmán, el principal narcotraficante del mundo, ya está en una cárcel de Nueva York. Pero a falta de Chapo, Chapitos. Guzmán ha sido rápidamente reemplazado por una nueva generación de capos.

Y si nos equivocáramos y por alguna extraña razón el multimillonario muro de Trump pudiera detener a migrantes y drogas, las nuevas rutas ilícitas serían por el mar (como hábil y valientemente demostraron durante años los balseros cubanos). Sí, todos los países tienen el derecho a fronteras claras y seguras. Pero en el caso de la frontera entre México y Estados Unidos —"una cicatriz", como la describía el escritor Carlos Fuentes— la solución no está en un muro, sino en un sistema multinacional que proteja, organice y fomente la migración legal. Si en América Latina sobran trabajadores y en Estados Unidos los necesitan para reemplazar a la población que está envejeciendo, ¿por qué no crean un sistema migratorio que funcione para Norteamérica y el resto del continente?

Nadie quiere la inmigración ilegal, ni siquiera los indocumentados. En eso estamos todos de acuerdo. Es peligrosa, inmanejable y controlada por personas ajenas a ambos gobiernos. Por eso hay que buscar alternativas seguras y efectivas.

Crear un muro infranqueable es una de las ideas más estúpidas que existen para resolver un problema complejo y multinacional. Requiere soluciones mucho más creativas. Seamos francos. La extensión del muro entre México y Estados Unidos es irrealizable —con insuperables problemas de ingeniería y engorrosos asuntos de tenencia de tierras—, y ha generado los peores enfrentamientos en décadas entre dos países amigos.

Además, es impagable.

Y México no va a pagarlo.

Digamos que tú quieres construir una cerca en tu casa y, de pronto, se te ocurre la peregrina idea de que puedes forzar a tu vecino a que pague por ella. Yo sé, es de risa. Pero eso es exactamente lo que Donald Trump quería que México hiciera.

Desde que Trump anunció su descabellada idea a mediados de 2015, el gobierno mexicano debió haber dicho que no pagaría ni un centavo por ese muro. Pero no lo hizo.

Ante el silencio cómplice del gobierno mexicano, solo el ex presidente Vicente Fox alzó la voz. "Yo no voy a pagar por su *fucking* muro", me dijo en una entrevista en febrero de 2016. "Él debe pagar por el muro".

Poco más tarde, cuando el presidente de México, Enrique Peña Nieto, tuvo la oportunidad de decírselo a la cara a Trump —en esa fatídica conferencia de prensa en la Ciudad de México en agosto de 2016—, no se atrevió. Sea como sea, el muro de Trump lo van a pagar los estadounidenses, no los mexicanos.

Hay muchos cálculos. Aquí hay uno. El líder del Senado, Mitch McConnell, dijo que el muro costaría entre 12 mil y 15 mil millones de dólares. Quizás mucho más. Y lo peor de todo es que no va a servir para nada.

Si Trump de verdad entendiera los cambios demográficos que está sufriendo Estados Unidos, en lugar de dirigir su mirada al sur debería estar viendo al oeste. Detrás de la ola latina viene la ola asiática.

La marea siempre ha estado subiendo.

Esa es la tradición de recibir extranjeros.

En 1820 apenas habían 150,000 inmigrantes en Estados Unidos, según nos recuerda en su libro el ex presidente John F. Kennedy. Pero ya eran 1.7 millones en 1840, 5.2 millones en 1880 y 8.8 millones en 1910. La entrada de inmigrantes no ha parado.

En los últimos 50 años el número de extranjeros que viven en Estados Unidos ha aumentado de 9.6 millones en 1965 a 45 millones en 2015. Y en los próximos 50 años —para 2065— esa cifra aumentará a 78 millones, según un visionario estudio del Pew Research Center. Es decir, el porcentaje de extranjeros que viven en Estados Unidos pasará del 14 por ciento en la actualidad a casi el 18 por ciento del total de la población.

El 2055 marcará el comienzo de la era asiática en Estados Unidos. Ese año habrá más inmigrantes de países asiáticos —China, India, Filipinas, Corea y Vietnam, entre otros— que de naciones de América Latina.

Va a ser un verdadero tsunami demográfico.

Eso va a requerir de enormes dosis de tolerancia y negociación. De la misma forma en que hoy Donald Trump está atacando a los inmigrantes latinoamericanos, no me extrañaría que en 2055, o antes, surgiera un candidato presidencial que se pusiera a atacar a los inmigrantes asiáticos para ganar votos.

Desde luego no se podría construir una muralla con China —como propone Trump con México—, pero podrían resurgir terribles ejemplos de la historia. En 1882 el Congreso de Estados Unidos creó una ley, Chinese Exclusion Act, para evitar la entrada de nuevos migrantes chinos (particularmente a California) y para discriminar abiertamente a los que ya estaban aquí. Dicha injusticia no fue corregida hasta 1943.

Cada vez habrá más inmigrantes asiáticos.

La realidad es que en el próximo medio siglo van a sumarse, en promedio, unos 600 mil inmigrantes por año. Por eso es urgente que tengamos un nuevo sistema migratorio que pueda procesar legalmente a los inmigrantes que ya están aquí y a los millones que están por llegar.

No hay excusas. Ya nos lo advirtieron y hay que estar preparados. La ola asiática está comenzando. Y mientras, Trump dándose cabezazos contra el muro.

Nadie es ilegal

I legales".

Así les llaman.

Elie Wiesel, el sobreviviente del Holocausto y Premio Nobel de la Paz, decía que "ningún ser humano es ilegal". Una persona puede cometer un acto ilegal, pero nadie puede ser ilegal.

El término está tan extendido en Estados Unidos que hasta algunos de los políticos y medios de comunicación más liberales lo siguen usando. Los políticos demócratas a quienes suelo entrevistar constantemente se confunden, corrigen y piden disculpas cuando utilizan la palabra "ilegal" para referirse a los inmigrantes indocumentados. Pero casi todos los republicanos con los que hablo la usan sin ningún complejo ni consecuencia.

El término "ilegal" ha recaído casi por completo en los inmigrantes provenientes de América Latina. "Ningún grupo inmigrante lleva el estigma de la ilegalidad como los latinos", escribe el investigador Roberto Suro en su extraordinario libro *Strangers Among Us.* ¿Por qué? "Ninguna nación industrializada ha enfrentado jamás una migración tan grande a través de su frontera, con la certeza virtual de que seguirá siendo un constante reto a la habilidad del gobierno para controlar dicha frontera".

Llaman "ilegales" a las personas que no tienen papeles, pero no aplican el mismo término a las compañías o personas que las contratan. Nunca he escuchado que alguien diga: esa es una empresa ilegal por el simple hecho de emplear a indocumentados. Se trata de una doble moral y significa un triunfo para quienes insisten en deshumanizar a los indocumentados. Es mucho más fácil atacar, detener, abusar y deportar a alguien a quien consideras "ilegal" que hacerlo con una persona a quien le ves la cara, sabes su nombre y reside legalmente en el país.

Llamar a alguien "ilegal" es despojarlo de su humanidad y establecer distintos grados de superioridad entre seres humanos iguales. Hay muchas formas de hacerlo.

A lo largo de mi carrera he hablado con muchísimas personas a quienes les han deportado a un familiar. La experiencia para ellos es devastadora. Un buen día agentes migratorios aparecen en la casa o en el trabajo de un indocumentado, y en cuestión de minutos termina apresado, esposado y a punto de ser deportado. Cuando esto ocurre frente a sus hijos o menores de edad, el impacto es traumático y deja huellas psicológicas para el resto de sus vidas.

Los videos de esos arrestos casi siempre incluyen gritos desesperados de los niños diciendo: "¿Por qué le están haciendo esto a mi papá/mamá?". No entienden por qué alguien, que lo único que ha hecho toda su vida es trabajar para el bienestar de su familia, termina de pronto detenido y en un proceso de deportación.

En esas ocasiones no dejan de sorprenderme los crueles comentarios en las redes sociales sugiriendo que el indocumentado detenido se lo merece por haber venido ilegalmente a Estados Unidos y por poner a sus hijos y a su familia en esa situación. Estas críticas son mucho más fáciles cuando el presidente de turno y su gobierno refuerzan la narrativa de que los indocumentados son ilegales y criminales.

Ser "ilegal" es mucho más difícil que ser un *stranger.*

Hace poco viajé a Los Ángeles para conocer a Fátima, una adolescente de 14 años nacida en Estados Unidos y con tres hermanas también estadounidenses. Una mañana a principios de 2017 el padre de Fátima, Rómulo Avélica, la estaba llevando de su casa a la escuela cuando, poco antes de llegar, fue detenido por agentes migratorios. Rómulo es del estado mexicano de Nayarit y emigró ilegalmente a Estados Unidos hace más de dos décadas.

Los agentes detuvieron a Rómulo, lo obligaron a bajarse del auto y luego fue esposado, todo frente a los ojos —y el teléfono celular— de Fátima. El video con los gritos y los llantos de Fátima se hizo viral en las redes sociales.

"Él no es ningún criminal —me dijo Fátima—, él es solo un papá".

Cuando entrevisté a Fátima me llevó al lugar exacto donde su papá fue arrestado, apenas a unas cuadras de su escuela. Los agentes migratorios claramente los estaban siguiendo. Fátima no pudo quedarse mucho tiempo en ese lugar. Los recuerdos de la detención de su padre todavía le causaban lágrimas. No fue difícil ver que Fátima cargaba con una enorme angustia y tristeza.

Rómulo había sido arrestado anteriormente por un problema de tránsito y por manejar en estado de ebriedad (*Driving under the influence,* DUI). Tenía además una orden de deportación pendiente, pero nunca sospechó que lo iban a arrestar con su hija en el auto y camino a la escuela.

La vida de la esposa de Rómulo y de sus cuatro hijas dio un giro inesperado. Más allá de la cuestión emocional, perdieron el principal ingreso de la familia y tuvieron muchos gastos extras para defender legalmente a Rómulo, quien estuvo detenido durante meses en una cárcel a dos horas de su casa.

Así se le destruye la vida a una familia tras el arresto de un indocumentado. La de Fátima, desafortunadamente, no es la única.

Guadalupe García es considerada la primera indocumentada deportada durante la presidencia de Donald Trump. Imposible corroborarlo. Pero el dolor es patente.

A Guadalupe la trajeron sus papás de Guanajuato, México, cuando tenía apenas 14 años de edad. Su esposo también vino cuando era un niño, sin documentos, y así me lo contó: "Nosotros, mi esposa y yo, no decidimos venir a este país. Éramos menores de edad. Aquí nos conocimos. Aquí nos casamos. Aquí nacieron nuestros hijos. Aquí es a donde vamos a la iglesia los domingos. Llevamos una vida normal. Igual que cualquier otra persona anglosajona con papeles. Un papel no te va a decir qué tipo de persona eres".

Pero por la falta de ese papel Guadalupe fue deportada.

Durante una redada en los temibles tiempos del *sheriff* Joe Arpaio en el condado de Maricopa, Arizona, Guadalupe fue arrestada y acusada de utilizar un número falso de seguro social. Ella me contó en una entrevista que no le robó el número a nadie; fue un número que ella se inventó para trabajar.

Durante el gobierno de Barack Obama eso no la convertía en una prioridad de deportación. La intención en esa época era deportar fundamentalmente a personas que hubieran cometido crímenes graves, que acabaran de entrar en Estados Unidos o que intentaran entrar ilegalmente en varias ocasiones. Guadalupe continuó su vida sin mayores contratiempos. Sin embargo, cada año tenía que ir a una oficina de inmigración (ICE) en Phoenix para demostrar que no había tenido ningún otro problema con la ley. Así lo hizo durante ocho años.

Una mañana de febrero de 2017, ni siquiera un mes después de que Trump tomara posesión como presidente, Guadalupe fue a su cita anual con ICE. Pero esta vez todo cambió. Después de su entrevista fue arrestada y se le informó que sería deportada a México, un país donde no había vivido hacía 22 años.

Sus hijos Jacqueline, de 14, y Ángel, de 16, estaban confundidos y desconsolados. ¿Qué había cambiado? Lo que había cambiado eran las prioridades de deportación con un nuevo presidente en la Casa Blanca. Las personas con un historial criminal o los recién llegados ya no serían el principal objetivo de las deportaciones. Prácticamente todos los indocumentados, mayores de edad, podrían ser deportados.

El diario *Los Angeles Times* calculó a principios de 2017 que hasta 8 millones —de los 11 millones de indocumentados que había en el país— podían ser sujetos a deportación con el establecimiento de las nuevas prioridades en la presidencia de Trump.

Guadalupe fue una de las primeras. Quizás los agentes migratorios la quisieron utilizar de ejemplo para enviar un mensaje al resto de la comunidad hispana. Pero el efecto en la familia Rayos García fue espantoso.

"Nadie debe empacar las maletas de su madre". Esta fue la frase que pronunció Jacqueline en una improvisada conferencia de prensa luego de enterarse de que su madre sería deportada. "Es muy duro para mí —explicó— no saber si la voy a poder volver a ver cara a cara, darle un beso o un abrazo". Guadalupe fue deportada por el paso fronterizo de Nogales, Arizona. "Primero fui víctima de Arpaio —dijo al cruzar a México—, y ahora soy víctima de Trump". Como dijo su esposo: "Fue un golpe muy duro. Ningún niño debería empacar las maletas de su madre. Estas leyes son injustas. Juegan muy sucio con nosotros".

Lo que ha cambiado en la presidencia de Trump es el clima antiinmigrante en Estados Unidos, los frecuentes ataques verbales contra los extranjeros y la percepción de que cualquier indocumentado puede ser deportado, independientemente de su conducta en el pasado. A esto hay que sumar que varios cuerpos de policía, con el apoyo explícito de sus alcaldes, han decidido actuar como si fueran agentes migratorios.

El miedo casi se puede tocar.

Obama: el deportador en jefe

Mi animosidad, rechazo y molestia por las palabras y la actitud de Donald Trump hacia los inmigrantes es clara, pero no es una cuestión partidista. Estoy registrado en Estados Unidos como un votante independiente y jamás he apoyado pública o financieramente a ningún partido político. He criticado a republicanos y a demócratas.

Barack Obama no fue la excepción.

El presidente Obama se ganó a pulso el título de "deportador en jefe". Ese fue el calificativo que le puso la presidenta del Consejo Nacional de La Raza —hoy UnidosUS—, Janet Murguía, y el mandatario nunca pudo librarse de él.

Tengo frente a mí las cifras de deportaciones durante la presidencia de Obama. Son durísimas. Duelen. Desde 2009 hasta 2016, los años de Obama en la Casa Blanca, se deportaron a 2,749,706 personas, según los datos oficiales de ICE.

Obama deportó a más inmigrantes que ningún otro presidente.

Es difícil criticar al presidente Obama porque siempre estuvo a favor de una reforma migratoria y protegió con una acción ejecutiva (*Deferred Action for Childhood Arrivals,* DACA) a cientos de miles de *Dreamers* o soñadores de una deportación. Pero la realidad es que deshizo innecesariamente a miles de familias hispanas.

Si su estrategia era demostrar que cumplía a cabalidad las leyes migratorias —para convencer a un Congreso dominado por republicanos de que aprobaran una reforma—, se equivocó. Los republicanos nunca demostraron ningún interés real en cooperar con Obama en cuestiones migratorias. Mientras tanto, miles de personas que no tenían un expediente delictivo fueron deportadas y separadas de sus familias.

Obama también se equivocó al desaprovechar los primeros meses de su administración en 2009 —cuando los demócratas controlaban la Casa Blanca y ambas cámaras del Congreso— para presentar una reforma migratoria, tal como lo había prometido durante su campaña electoral.

Esta historia la he contado varias veces. Cuando Barack Obama estaba en su primera campaña presidencial, lo entrevisté el 28 de mayo de 2008 en una escuela de Denver, Colorado. Su contrincante Hillary Clinton había dicho que si ella llegaba a la presidencia presentaría una propuesta de reforma migratoria al Congreso durante los primeros 100 días. Le pregunté a Obama si él haría lo mismo y me dijo que no.

Pero luego prometió lo siguiente:

—Lo que sí puedo garantizar es que tendremos en el primer año una propuesta migratoria que yo pueda apoyar con fuerza.

—¿En el primer año? —insistí.

—En el primer año —repitió.

No lo cumplió.

La promesa incumplida de Obama es una de las grandes frustraciones de la comunidad latina con el ex presidente. Y así se lo hice saber en varias ocasiones.

Una vez, durante un foro comunitario en 2012 y en plena campaña de reelección, le dije a Obama que nos había fallado.

—"Usted nos lo prometió —le recordé—. Una promesa es una promesa. Y con todo respeto le tengo que decir que usted no cumplió con esa promesa".

Para entonces ya era demasiado tarde. Obama y los demócratas habían perdido el control de la Cámara de Representantes. Nada se iba a mover ahí.

Nuestro primer error —ahora me doy cuenta— fue creer en una promesa política y no hacer lo suficiente para asegurarnos de que Obama la cumpliera. Fue de una gran ingenuidad con un costo enorme en las vidas concretas de muchas familias.

Lo que más me molesta es que fue una decisión política. He tenido varias conversaciones con miembros de su administración y mi conclusión es que alguien dentro de la Casa Blanca decidió no presionar por una reforma migratoria en 2009. Hasta la muerte del senador Ted Kennedy el 25 de agosto de 2009, los demócratas controlaban ambas cámaras del Congreso.

Rahm Emanuel era el jefe de gabinete de Barack Obama en 2009.

—¿Qué pasó ese primer año? ¿Por qué no presentaron la reforma migratoria como habían prometido? Usted estuvo ahí —le pregunté durante una entrevista a Emanuel en 2013.

—En su primer año [Obama] estaba enfrentando una recesión económica que podría haberse convertido en una depresión. En eso puso toda su atención. En eso se concentró como prioridad —me contestó Emanuel.

En esa misma época, Janet Napolitano era la secretaria de Seguridad Nacional.

—En 2009 usted estaba encargada del Servicio de Inmigración. ¿Por qué el presidente Obama no hizo nada respecto a una reforma migratoria, tal como había prometido? ¿Qué pasó? —le pregunté en una entrevista en 2013.

—Bueno, lo que creo que pasó es que [Obama] tomó posesión de la presidencia en un momento en que estábamos a punto de caer en una gran depresión —me contestó y añadió—: estábamos también involucrados en las guerras de Afganistán e Irak. Tenía muchas cosas de que ocuparse.

Para mí las explicaciones de Emanuel y Napolitano son solo excusas. Nada explica su inacción más que la terrible decisión política de esperar.

Había, lo entiendo, otras prioridades. Estados Unidos sufría una de las peores crisis económicas de su historia moderna. Pero, ¿no se podían combatir las dos cosas al mismo tiempo? Aun así, alguien decidió echarnos a un lado. No sé si fue el propio presidente o alguno de sus principales asesores. Pero, a fin de cuentas, Obama estuvo de acuerdo.

Todos sabían que el presidente había hecho una promesa migratoria y, por motivos políticos o estratégicos, decidieron no cumplirla. Sospecho que pensaron que los latinos podían esperar un poco más y que el costo político de posponerlo no sería tan grande.

Y nosotros, tristemente, nos dejamos. No nos quejamos lo suficiente.

Y nos pasaron por encima.

Una vez más.

El 9 de diciembre de 2014 tuve mi última pelea con Obama. No había nada que se pudiera hacer respecto a una reforma migratoria. Los republicanos no iban a cooperar. Pero el presidente no había detenido las deportaciones masivas de indocumentados. ¿Por qué?

En esos días el presidente acababa de anunciar su acción ejecutiva, mejor conocida como DACA, que protegería a cientos de miles de inmigrantes, *Dreamers* que llegaron como indocumentados a Estados Unidos cuando eran menores de edad. Fue la decisión migratoria más importante de todo su gobierno. Estaba realmente cambiando la vida de esos jóvenes.

Pero si el presidente había llegado a la conclusión legal de que sí podía detener, suspender o posponer las deportaciones de los *Dreamers,* ¿por qué no hizo lo mismo con otros inmigrantes? Y se lo dije. El intercambio fue muy tenso:

—Si como usted dice, siempre tuvo la autoridad legal para detener las deportaciones, entonces, ¿por qué deportó a dos millones de personas?

—Jorge, no hicimos eso.

—Durante seis años usted hizo eso.

—No. Escucha, Jorge.

—Usted destruyó miles de familias. Lo llamaron "deportador en jefe".

—Tú me llamaste "deportador en jefe".

—No fui yo. Fue Janet Murguía de La Raza.

—Sí, pero déjame decirte algo, Jorge.

—Usted pudo detener las deportaciones.

—No, no, no.

—Claro que pudo.

—Eso no es cierto. Escucha. Estos son los hechos.

—Usted las pudo detener.

—Estos son los hechos. Como presidente de Estados Unidos siempre soy responsable de problemas que no se pueden resolver inmediatamente... La pregunta es si estamos haciendo las cosas correctamente, si estamos llevando al país en la dirección correcta. Y algunos, como tú, Jorge, sugieren que hay respuestas rápidas y fáciles a estos problemas.

—Yo nunca dije eso.

—Sí, claro que sí. Es la manera en que tú lo presentas.

—Pero es que usted tenía la autoridad.

—Cuando lo presentas de esa manera estás haciendo un mal servicio. Haces creer que el proceso político se puede manejar fácilmente, dependiendo de la voluntad de una sola persona, y no es así como funcionan las cosas.

—Lo que estoy diciendo es que...

—Pasamos mucho tiempo tratando de aprobar una propuesta de reforma migratoria que resolviera los problemas para toda la gente. Ahora, a pesar de las acciones que he llevado a cabo, todavía tengo a 5 millones de personas que podrían ser deportadas...

Esa fue mi última conversación con Barack Obama. En el resto de su gobierno ya no quiso hablar conmigo. Supe, por personas cercanas a él, que estaba molesto por mi continua insistencia en el tema de las deportaciones —¿cómo olvidar eso?— y porque no veíamos las repatriaciones de la misma manera.

Él insistía en que la mayoría de las deportaciones afectaban a personas que acababan de cruzar a Estados Unidos o estaban cerca de la frontera, y a inmigrantes en el interior del país que habían cometido algún crimen. Eso es cierto. Pero en 2016, para dar un ejemplo, solo el 58 por ciento de todos los deportados eran responsables de algún delito. Y muchas veces esos delitos eran menores, como infracciones de tránsito, o estaban vinculados intrínsecamente a su condición de indocumentados, como tener documentos falsos o tratar de entrar en Estados Unidos de manera ilegal en varias ocasiones.

Obama, sin lugar a dudas, deportó a miles de personas que no eran criminales. Punto. Entiendo que su intención, y la prioridad de su gobierno, era otra: deportar a criminales, pero en la realidad no fue así.

Las matemáticas de las deportaciones no me salen. Les doy un ejemplo más.

El Migration Policy Institute dice que en 2012 solo existían 300,000 indocumentados en todo el país que habían cometido algún delito serio o *felony*. Pero ese mismo año Obama deportó a 409,849 indocumentados.

Algo no cuadra. Claramente Obama estaba deportando a personas que no habían cometido crímenes graves y en números muy altos. ¿Qué esa es la ley? Sí, esa es la ley. Pero como presidente, y así lo demostró al firmar el acta ejecutiva de DACA, tenía la autoridad para suspender la mayoría de las deportaciones, particularmente de personas que no eran un riesgo para la seguridad nacional de Estados Unidos, pero no lo hizo.

No sé si fue un sentimiento de culpa, la presión de las organizaciones latinas o un reconocimiento tácito de que se había equivocado, pero hacia el final de sus ocho años como presidente Obama redujo a casi la mitad el número de deportados: de 409,000 en su pico a 240,000.

Al final, podemos debatir incansablemente las cifras de deportaciones y las motivaciones presidenciales, pero los efectos entre miles de familias fueron devastadores. Nunca había existido un presidente que deportara a tantos.

Por eso muchos me dicen que no fuimos suficientemente duros con Obama y quizás tengan razón. Su política migratoria fue muy nociva para las familias inmigrantes, con la importante excepción de los *Dreamers*. Además, no cumplió con una promesa migratoria que de haberse realizado habría evitado el pánico que millones están viviendo hoy con Trump.

Entonces, ¿por qué ese trato más suave de la comunidad latina hacia Obama en comparación con el que le damos a Trump? De entrada, Obama nunca nos insultó. Trump lo hizo desde el primer día que lanzó su campaña. Obama hablaba de inclusión y Trump de excluirnos. Obama apoyaba la legalización y el camino a la ciudadanía para la mayoría de los 11 millones de indocumentados, y Trump no. Obama luchó por lo que quería la mayoría de los latinos respecto a inmigración, vean las encuestas, y Trump se opone.

Las percepciones en política se traducen en votos. Obama obtuvo el 67 y 71 por ciento del voto latino en las elecciones de 2008 y 2012, respectivamente. Trump consiguió solo el 29 por ciento en 2016.

Aun así, las deportaciones de Obama siguen doliendo. Quizás porque esperábamos tanto de él y no cumplió. O tal vez porque duele más cuando alguien cercano te saca de su casa.

Nuestro error en 2016

———

Qué pasó con los latinos en las elecciones presidenciales que ganó Trump?

Pasó lo peor: no salieron a votar. Más de la mitad se quedó en casa y dejó que otros decidieran por ellos.

Por eso lo que ocurre en la comunidad latina es culpa nuestra.

De nadie más.

En 2016 había 27.3 millones de latinos elegibles para votar. Todo un récord. Esto es posible porque cada año, en promedio, unos 800,000 hispanos cumplen la edad de votar (18). No es ninguna sorpresa que casi la mitad (44 por ciento) de todos los votantes latinos sean *millennials*.

Pero la tragedia es que solo un 47.6 por ciento de esos electores latinos potenciales (12.7 millones) salió a votar en 2016, según la Oficina del Censo. Incluso menos del 48 por ciento que votó en 2012.

En todas las comparaciones de participación electoral los latinos salimos perdiendo. La población en general votó en un porcentaje mayor (61.4 por ciento) en 2016, al igual que los blancos no hispanos (65.3 por ciento), los afroamericanos (59.6 por ciento) y los asiáticos (49.3 por ciento).

Muchos latinos se quejan de las palabras y de las políticas de Donald Trump. Pero 14.6 millones de latinos que podían votar no lo hicieron. Esa es su culpa.

Si más latinos hubieran salido a votar, ¿habría sido diferente el resultado de la elección presidencial? Nunca lo sabremos. Pero no perdemos nada con jugar con los datos.

Trump ganó los estados de Florida y Arizona. Pero una mayor participación en esos dos estados que tienen una población latina muy grande le podría haber quitado los 29 votos electorales de Florida y los 11 de Arizona al candidato republicano. Así Trump no hubiera alcanzado los 270 necesarios para ganar.

Esto, por supuesto, es pura especulación. Trump ganó y los latinos no salieron a votar. Esa es la realidad.

Tras los insultos de Trump a los inmigrantes latinoamericanos durante la campaña presidencial, las encuestas mostraban un claro disgusto y rechazo. Trump decía que los latinos lo amaban. No era cierto.

"No, Mr. Trump, the Latinos Do Not Love You", publicó la organización America's Voice con varias encuestas contra el candidato Republicano.

El 82 por ciento de los latinos tenía una opinión desfavorable de Trump, de acuerdo con una encuesta de septiembre de

2015 publicada por el *Washington Post* y ABC. Un año después las cosas no habían cambiado. El 78 por ciento de los hispanos seguía con una opinión negativa respecto a Trump, según otra encuesta dada a conocer en septiembre de 2016 por el *Wall Street Journal* y NBC. Varias encuestas más decían lo mismo.

Las cosas se veían mal para Trump. La historia nos decía que si un candidato republicano no ganaba una tercera parte de los votantes hispanos tenía muchas posibilidades de perder. John McCain obtuvo el 31 por ciento del voto latino en 2008 y perdió. Mitt Romney bajó a 27 por ciento en 2012 y también perdió. En cambio George W. Bush había obtenido el 35 por ciento del voto hispano en 2000 y el 44 por ciento en 2004 y en ambas ocasiones había ganado.

Por eso dije tantas veces y con mucha seguridad que sin el voto latino Trump no podría llegar a la Casa Blanca.

Pero me equivoqué.

No vi el enorme resentimiento que había entre muchos votantes por la situación económica en el país. Creí en la mayoría de las encuestas que ponía a Trump como perdedor. Y jamás me imaginé que el 29 por ciento de los latinos votaría por el candidato republicano.

(Ese 29 por ciento surge de una encuesta nacional realizada el día de la elección, el 8 de noviembre de 2016, a la salida de las urnas, pero varias organizaciones han cuestionado su validez, sugiriendo que el número real es menor).

Tras los insultos de Trump contra los inmigrantes hispanos, sus planes de deportar a millones en los primeros dos años y de construir un muro con México, me parecía casi imposible que como candidato republicano pudiera superar el voto obtenido cuatro años antes por Mitt Romney. Pero entre los latinos había un voto, casi secreto, que se estaba gestando a favor de Trump.

Muchos latinos, tenemos que reconocerlo, no se sentían a gusto diciendo abiertamente que iban a votar por Trump. Una declaración como esa solía enfrentarse a duros ataques contra el candidato y contra cualquiera que lo apoyara. Trump generaba las reacciones más extremas. Eso, supongo, mantuvo latente y en silencio el potencial voto para Trump entre los latinos.

Pero sus votantes estaban ahí.

Trabajo en un edificio en Miami donde compartimos espacio con varias estaciones de radio y televisión. Todos los días paso frente a las estaciones de radio que transmiten en español y muchas veces me paro para escuchar lo que están diciendo. Los programas de micrófono abierto son muy populares. Y en varias ocasiones escuché a radioescuchas decir, algunos de manera anónima, que iban a votar por Trump.

Pensé que esas opiniones de votantes que hablaban en español y apoyaban a Trump no eran estadísticamente representativas. Las encuestas de varios medios decían otra cosa. Pero ese fue mi error. Debí conceder mucho más peso a esas opiniones.

Los hispanos no somos un grupo monolítico y hay, obviamente, muchos seguidores de Trump. Para muchos el tema migratorio no es central, como es el caso de los cubanos y puertorriqueños. Tienen otras preocupaciones.

Además, hay enormes diferencias generacionales. Los hispanos que llevan mucho tiempo viviendo aquí o cuyas familias se expanden a lo largo de dos o tres generaciones tienen puntos de vista muy distintos a los de los recién llegados. La visión de los problemas que tienen los latinos en el noreste y en California no siempre coincide con la que tiene la población latina de Texas o de Florida. Y los comentarios ofensivos de Trump contra los inmigrantes mexicanos, claramente, no fueron fundamentales para los 3,640,000 hispanos que votaron a favor de él.

Hay muchas cosas que los latinos podemos aprender de las pasadas elecciones presidenciales, pero la principal es que si no votamos, otros lo harán por nosotros. Y eso ocurrió en 2016.

La otra lección es que Trump sí pudo ganar la Casa Blanca sin alcanzar la tercera parte de los votantes hispanos. Creí que teníamos más influencia. Todavía no.

Yo, personalmente, sobreestimé la importancia del voto latino. En innumerables ocasiones dije que nadie podría ganar la Casa Blanca sin el voto latino y Trump lo hizo. Me adelanté. Esto me enseña a ser más cuidadoso en el futuro.

Habrá un momento, sin duda, en que ningún candidato pueda llegar a la presidencia sin nuestro voto. Pero si una elección, como la de 2016, se decide en estados como Pennsylvania, Michigan y Wisconsin, los cuales tienen bajos porcentajes de población latina, entonces nuestra influencia disminuye.

A pesar de lo anterior, creo que los republicanos cometieron un grave error con los latinos en 2016 y no se van a poder recuperar tan fácilmente. Puede ser, incluso, uno de esos errores históricos que se convierten en leyenda y que luego no se sabe cuándo empezaron.

Pero nosotros sí sabemos cuándo comenzó; cuando el Partido Republicano en su conjunto apoyó a un candidato con ideas racistas como Trump. ¿Qué pasa si no te distancias de un candidato que llama criminales y violadores al grupo de electores de más rápido crecimiento en el país? Lo que pasa es que siempre te lo van a recordar a la cara.

Históricamente los demócratas han controlado dos terceras partes de los votos de los latinos en las elecciones presidenciales. ¿Por qué? Porque la visión de los demócratas sobre temas migratorios, educación pública y de políticas sociales que ayudan a los más necesitados ha sido más atractiva para la mayoría de los votantes hispanos que las ideas de libre mercado y la dureza en la aplicación de las leyes migratorias de los republicanos. El razonamiento es más o menos así: voto por el que me ayuda, por el que me protege, por el que piensa primero en mí.

Pero no es un voto cautivo e inamovible.

George W. Bush obtuvo casi la mitad del voto hispano en su reelección como presidente. Fue entonces cuando muchos creyeron que el voto latino podía dividirse en partes iguales entre ambos partidos políticos. Durante años se le ha atribuido al ex presidente Ronald Reagan la frase: "Los latinos son republicanos, pero todavía no lo saben". Y en 2004 los republicanos pensaron que se podía hacer realidad.

Hay ciertos temas en que los hispanos son muy conservadores. Más de la mitad (51 por ciento) cree que el aborto debe ser ilegal en todos los casos (comparado con un 41 por ciento de la población en general), según el Pew Research Center. Y el 69 por ciento de los inmigrantes latinos dice que la religión es muy importante en sus vidas (frente al 58 por ciento de los estadounidenses).

Hay más. Muchos latinoamericanos se fueron de sus países por problemas de violencia, corrupción y falta de oportunidades. Suelen sospechar de sus gobiernos y desconfiar de los políticos. Por eso la idea republicana de menos gobierno es muy atractiva para muchos.

La meritocracia va de la mano con tres de cada cuatro hispanos que creen que el trabajo duro genera progreso social y beneficios personales. Los republicanos podrían promover todas estas ideas para acercarse al votante latino.

Pero hay un serio problema. ¿Cómo le vas a pedir su voto a una persona a quien insultas? ¿Cómo vas a lograr su confianza si constantemente le estás diciendo que quieres deportar a sus padres, vecinos y compañeros de trabajo?

Ese fue el problema de Mitt Romney en las elecciones de 2012. Quería el voto latino, pero al mismo tiempo apoyó la idea de la "autodeportación" para los indocumentados. Les fue tan mal a los republicanos con los hispanos en esa elección que hasta escribieron una autopsia política para no volver a cometer los mismos errores.

Destaco aquí dos recomendaciones:

1) Uno de los pasos que deben seguir los republicanos con la comunidad hispana es apoyar y promover una reforma migratoria. Si no lo hacemos, el atractivo de nuestro partido se limitará a los grupos tradicionales.

2) Si los hispanos perciben que el nominado republicano o su candidato no los quiere en Estados Unidos (es decir, promueven la "autodeportación"), ellos no le van a poner atención a lo que diga.

Exacto.

Pero los republicanos no aprendieron de sus errores en 2012. Lejos de seguir sus propias recomendaciones, en 2016 tomaron una fuerte posición antiinmigrante. ¿Sus propuestas?

Un muro. Deportaciones masivas. No a una reforma migratoria. No a la legalización de indocumentados. Prohibir la entrada a musulmanes.

Repito sus palabras: si los latinos perciben que los republicanos no los quieren en Estados Unidos, ¿cómo esperan que vayan a votar por ellos?

Esta actitud no fue solo de Trump. Los otros candidatos republicanos a la presidencia también atacaron duramente a los inmigrantes y a las minorías. Y la gran ironía es que muchos de ellos eran hijos de inmigrantes.

Creo, personalmente, que los hijos de inmigrantes tienen una doble responsabilidad: primero, cuidar a sus padres y, segundo, proteger a otros inmigrantes como si fueran sus padres. Esta ha sido una noble tradición estadounidense durante más de dos siglos. Por eso no hay nada más triste y traicionero que querer cerrarles las puertas a los inmigrantes que vienen detrás de nosotros. Pero eso es precisamente lo que hicieron algunos candidatos presidenciales en Estados Unidos en 2016.

Primero las buenas noticias. Nunca antes habíamos visto a tantos hijos de inmigrantes tratando de llegar a la Casa Blanca. Eso habla muy bien del país: en una sola generación se puede pasar de hijo de inmigrante a presidente de Estados Unidos.

Estos fueron los hijos de inmigrantes que fueron candidatos a la presidencia de Estados Unidos en las pasadas elecciones: Donald Trump, cuya madre nació en Escocia; Marco Rubio, de padre y madre nacidos en Cuba; Ted Cruz, nacido en Canadá, de padre cubano; Bobby Jindal, cuyos padres nacieron en la India; y el demócrata Bernie Sanders, cuyo padre era de Polonia.

Todos ellos vivieron en carne propia lo que es crecer en

una casa con distintos acentos y con al menos un padre o una madre que tuvo que aprender y adaptarse a las reglas y costumbres del país adoptivo. Lo que más me llamó la atención es que, a pesar del gran número de hijos de inmigrantes que se presentaban como candidatos presidenciales, la campaña por la Casa Blanca estuvo marcada por duros ataques contra los inmigrantes.

Basta apuntar que casi todos los candidatos llamaron alguna vez "ilegales" a los indocumentados. Pero lo que resultó incomprensible para muchos hispanos fueron las posiciones contra los indocumentados que adoptaron los dos candidatos latinos: los senadores cubanoamericanos Marco Rubio y Ted Cruz.

Los dos rompieron una costumbre de décadas en que los políticos hispanos a nivel nacional, independientemente de su origen, siempre defendían a los inmigrantes más vulnerables. ¿Por qué no darles a los nuevos inmigrantes las mismas oportunidades que tuvieron sus padres?

Vean, por dar unos ejemplos, cómo han defendido a los indocumentados los demócratas puertorriqueños Luis Gutiérrez y Nydia Velázquez, y los republicanos cubanoamericanos Ileana Ros-Lehtinen y los hermanos Lincoln y Mario Díaz-Balart.

Los inmigrantes nunca olvidamos a quienes nos ayudan. Nunca.

Estados Unidos ha sido extraordinariamente generoso conmigo y por esa razón discuto y peleo para que los inmigrantes que llegaron después de mí tengan las mismas oportunidades y sean tratados con el mismo respeto que yo recibí. Por eso no entiendo cuando hay inmigrantes o hijos de inmigrantes que atacan a quienes llegaron un poco más tarde que ellos.

No hay mayor deslealtad con los tuyos que cuando los hijos de inmigrantes son malagradecidos y olvidan su origen. Es casi una traición.

Trump es hijo de madre escocesa, tuvo un abuelo alemán y está casado con una mujer de Eslovenia. Cuatro de sus cinco hijos tienen una madre inmigrante. Y no recuerdo a un candidato más antiinmigrante que él.

Los republicanos corren un riesgo altísimo de alejar durante generaciones a los votantes hispanos. Los resultados de las pasadas elecciones pueden hacerles creer que atacar a los inmigrantes les va a generar muchos votos en el futuro. Pero yo no lo veo así. El fenómeno Trump es irrepetible y vincularse a la marca Trump les va a costar muchas elecciones.

El futuro de Estados Unidos será un futuro con más latinos. Muchos más. Y no hay manera de conseguir su apoyo si los haces sentir como unos *strangers*.

El miedo y los *Dreamers*

E n estas estamos: con Trump, sin reforma migratoria y
con mucho miedo.

Los políticos que se niegan a legalizar a millones
de inmigrantes no reflejan el deseo de la mayoría de los estadounidenses. Ya en 2015 el Pew Research Center concluía que
72 por ciento de los encuestados creía que debería existir una
forma de permitir a los indocumentados quedarse aquí si cumplen ciertos requerimientos. El 80 por ciento de los demócratas y el 56 por ciento de los republicanos creen lo mismo.
Otras encuestas más recientes coinciden.

Pero una cosa es lo que dicen las encuestas y otra, muy
distinta, lo que está ocurriendo. Los ejemplos de un creciente
clima antiinmigrante, y del miedo que crea, son palpables y
preceden la llegada de Trump a la política.

El 2015 fue un año particularmente violento para al menos tres inmigrantes latinos. Y la violencia vino por parte de la policía.

Esto fue lo que pasó:

El 10 de febrero la policía de Pasco, estado de Washington, mató al mexicano Antonio Zambrano-Montes luego de que el indigente les tirara piedras, según muestra un video.

El 20 de febrero la policía de Grapevine, Texas, mató al mexicano Rubén García Villalpando luego de una persecución. "¿Me vas a matar?", aparentemente le preguntó García a un agente de la policía, con los brazos en alto, de acuerdo con la versión de su cuñado. Poco después recibió dos disparos en el pecho.

El 27 de febrero la policía de Santa Ana, California, mató al mexicano Ernesto Canepa, quien era sospechoso de robo y a quien le encontraron una pistola de perdigones en su auto. La familia de Canepa dice que tenía dos trabajos y cuatro hijos.

El gobierno mexicano envió una carta de protesta a Washington diciendo que no se trataba de hechos aislados. Pero no quiso convertir esas tres muertes en un asunto central que tensara las relaciones bilaterales.

Los mexicanos que viven en Estados Unidos están solos; saben que no son una prioridad para el gobierno en la Ciudad de México. Y cuando se enfrentan contra la policía en Estados Unidos no tienen prácticamente ninguna forma de defenderse.

Matan a mexicanos y no pasa nada.

A estas tres muertes hay que sumar la de una decena de mexicanos que ha fallecido en enfrentamientos con la Patrulla Fronteriza desde 2010, de acuerdo con las cifras de la organización Southern Border Communities Coalition. La triste realidad es que la mayoría de estas muertes pasan desapercibidas y pocas veces se sabe realmente qué pasó. La impunidad es casi total. Generalmente nadie termina en la cárcel después de incidentes como estos y tampoco existe una expectativa de justicia.

A pesar de lo que diga la Declaración de Independencia, no todas las personas son tratadas como iguales en Estados Unidos. Algunos, por el simple hecho de haber nacido en el extranjero, hablar con acento o tener otro color de piel, pueden perder la vida a manos de quien debería protegerlos: la policía.

El miedo ha aumentado. Por las muertes. Por el maltrato. Por el temor a ser deportado.

¿Cómo se mide el miedo?

Muchos indocumentados que, siguiendo el ejemplo de los *Dreamers,* salieron del clóset durante el gobierno de Barack Obama han regresado a las sombras en la era de Trump. No confían en la policía. No quieren manejar. Temen ir al trabajo. Se han convertido, una vez más, en invisibles.

¿Cómo se pasa de invisible a visible?

No es fácil.

Los *Dreamers* —esos valientes jóvenes que llegaron ilegalmente de niños a Estados Unidos y que de facto se han convertido en los nuevos líderes políticos de la comunidad latina— nos enseñaron que lo primero que había que perder era el miedo.

Nos lo demostraron cuando cuatro de ellos caminaron en 2010 desde Miami hasta Washington para llamar la atención sobre su lucha. Muchos temíamos que los fueran a detener y a deportar a países que desconocen. Pero no fue así.

Esos mismos *Dreamers,* a quienes en 2012 no dejaron entrar en la Casa Blanca por su estatus de indocumentados, fueron los que finalmente convencieron al presidente Obama de que sí tenía la autoridad legal para aprobar una acción ejecutiva y firmar el programa DACA.

Su estrategia funcionó.

En junio de 2016 me invitaron a Houston al congreso de la principal organización de *Dreamers* en Estados Unidos, United We Dream. El lugar estaba cargado de pasión y rebeldía. No me quedó la menor duda de que el nuevo liderazgo de la comunidad latina estaba ahí y no en Washington.

Y aproveché la oportunidad para hablarles de las diferencias entre sus padres y ellos. Les dije que tenía mucho miedo de que sus padres se convirtieran en la generación del sacrificio. ¿Qué significa eso? Que fuera un grupo que, a pesar de todos sus esfuerzos de décadas, no pudiera legalizar su situación migratoria. Pero que aun así se quedaron en Estados Unidos para que sus hijos sí pudieran vivir legalmente aquí y progresar. Se sacrificaron por ellos.

Los resultados ya los estamos viendo. Los *Dreamers* son tan estadounidenses como cualquiera. Solo que no tienen un papel para probarlo. Así se sienten y se lo hacen saber a todos.

Muchos *Dreamers* son los primeros en sus familias en ir a la universidad. Me emociona conocer a *Dreamers* en las principales universidades del país. Estudian en lugares que sus padres ni siquiera imaginaron.

Pero el contraste entre las tácticas de los *Dreamers* y sus padres no podía ser más grande. Sus padres creían que lo importante era no hacer ruido. Exactamente. Quedarse callados, no llamar la atención, era la manera de salir adelante. Y tuvieron razón.

Sus tácticas de silencio dieron resultados. Muchos de sus hijos nacieron en Estados Unidos —y por lo tanto son ciudadanos estadounidenses con todos los derechos— y miles de los que nacieron fuera se han protegido con DACA.

Luego de muchas pláticas con los *Dreamers* y sus padres empecé a notar una cierta impaciencia entre los más jóvenes. ¿Por qué sus padres se quedaron en silencio durante tanto tiempo? ¿Por qué no protestaron? ¿Por qué no salieron a luchar por sus derechos?

Las respuestas no son fáciles. Pero basta con decir que eran otros tiempos. Los padres de los *Dreamers* aprendieron a sobrevivir quedándose callados, invisibles, casi inmóviles. Y ahí, cuando nadie los veía, es que trabajaban y sacaban adelante a sus familias.

Eso les funcionó a ellos, pero no a sus hijos. Y cambiaron las reglas del juego.

Los *Dreamers* quieren ser muy visibles. Sus padres eran invisibles.

Los *Dreamers* quieren que los oigan. Sus padres aprendieron a aprovechar el silencio.

Los *Dreamers* forzaron a políticos y candidatos a comprometerse con su agenda. Sus padres esperaron pacientemente a que alguien los apoyara.

Los *Dreamers* confrontaron a miembros del Congreso y se metieron en sus oficinas. Sus padres jamás se acercaron a un político.

Los *Dreamers* han exigido una reforma migratoria para ellos y para sus padres. Sus padres siguieron esperando y rezando por lo mejor.

Son dos estilos para dos épocas distintas.

Yo he aprendido mucho de los *Dreamers*. Por eso la dedicatoria de este libro es para ellos. Ahí en Houston les conté que cuando me enfrenté a Donald Trump en la conferencia de prensa en Iowa en 2015, lo primero que pensé fue: ¿qué hubieran hecho los *Dreamers*?

Me recuerdan tanto a Rosa Parks.

Cuando el 1 de diciembre de 1955 ella se negó a levantarse de un asiento asignado a pasajeros blancos en un autobús público en Montgomery, ella sabía que la ley en Alabama la obligaba a ceder. Pero no lo hizo. Hay veces en que es preciso desobedecer. Bueno, ese simple gesto de libertad y de desafío dio inicio al movimiento de derechos civiles en Estados Unidos.

Yo creo que los *Dreamers* están haciendo lo mismo, rebelándose en contra de leyes injustas. Están al frente de un nuevo movimiento de derechos civiles en Estados Unidos donde nadie es ilegal, independientemente de los papeles que lleves en tu cartera.

Por eso quiero soñar con ellos.

Latinos: la lucha por definirnos

C ada vez es más difícil definirnos.

Somos muchas cosas.

Los latinos están protagonizando una verdadera revolución demográfica en Estados Unidos, pero a la vez dentro de la comunidad hispana está ocurriendo otra revolución. Alrededor del año 2000 algo muy interesante empezó a ocurrir.

Después de dos décadas en que la mayor parte del crecimiento de los latinos dependía de los inmigrantes que venían de América Latina, las cosas empezaron a cambiar. Con una tasa de natalidad ligeramente superior a la del promedio de los estadounidenses, más de la mitad del crecimiento poblacional de los latinos se generó dentro del país. Así, de 2000 a 2010 hubo 9.6 millones de latinos nacidos en Estados Unidos, según el Pew Research Center, frente a 6.5 millones que llegaron como inmigrantes.

Esto tiene enormes consecuencias.

En principio, muchos latinoamericanos ya no ven a Estados Unidos tan atractivo como antes. El riesgo del trayecto al norte, el incremento de la seguridad en la frontera y la angustia de vivir siendo perseguido han hecho que millones de habitantes de América Latina decidan quedarse en su país de origen. No ganan lo mismo que aquí, pero las condiciones económicas, poco a poco, van mejorando y pueden vivir sin sentir que tienen a los agentes migratorios a sus espaldas.

Dentro de Estados Unidos, estos nuevos ciudadanos no se tienen que esconder —como lo hicieron muchos de sus papás— y eventualmente van a cumplir la edad de votar. No se les van a olvidar las angustias y los temores que pasaron sus padres y, sin la menor duda, sus convicciones políticas han sido marcadas por estas experiencias. Que a nadie sorprenda que en una o dos décadas haya un electorado hispano muy activista y memorioso. Cuando alguien trata mal a tu papá o a tu mamá, eso no se te olvida nunca.

Nacer en Estados Unidos, aunque sea de padres latinoamericanos e hispanohablantes, influye de una manera determinante. Para empezar, el inglés se convierte en el idioma esencial.

En la mayoría de las familias hispanas se habla español en distintos grados. Es el lenguaje de las emociones y con el que se mantiene el contacto con las generaciones que nos precedieron. El nieto con el abuelo, el "te quiero" antes de salir de casa, las palabras que acompañan los abrazos en cada celebración o duelo. Estados Unidos es el único país que conozco donde hay personas que creen que hablar un idioma es mejor que dos. O tres. Pero aun entre aquellos que son totalmente bilingües existe la plena conciencia de que el inglés es el idioma del poder y la comunicación en Estados Unidos.

Ya en 2012 solo un 35 por ciento de los hispanos había nacido en otro país. Esto significa que al menos dos terceras partes de los latinos crecieron con el inglés como idioma principal.

A mí me tocó ver este cambio.

Como ya les conté, llevo trabajando en Univision desde 1984. Durante décadas la filosofía de la empresa fue concentrarnos en el español. Incluso algunos de los ejecutivos más estrictos preferían que no dijéramos palabras en inglés durante nuestras transmisiones. La estrategia funcionó perfectamente. Univision ha sido la empresa líder entre los medios de comunicación en español desde que se fundó en 1962 como Spanish International Network, en San Antonio, Texas.

Pero a principios del siglo XXI, coincidiendo casi con los actos terroristas del 9/11, empezamos a notar el cambio demográfico entre los latinos y dentro de nuestras propias casas. Nuestros hijos ya no estaban viendo programación en español. A veces, cierto, nos acompañaban a ver partidos de fútbol y eventos importantes. Pero cuando los papás ponían los noticieros y las telenovelas se iban a otro cuarto o buscaban refugio en sus celulares y computadoras.

Univision y los canales de televisión en español tienen el futuro garantizado. Tres de cada cuatro latinos dicen hablar español, de acuerdo con el Pew Research Center. El mercado sigue creciendo debido a una bien ganada reputación de lucha por la comunidad y a una programación muy distinta a la de los canales en inglés. Cubrimos América Latina como si fueran noticias locales y, además de informar, entendemos el periodismo como un servicio público. Nuestra audiencia espera de nosotros una guía en asuntos migratorios, de salud y, en general, sobre cómo maniobrar en la sociedad estadounidense. Le damos voz a los que no tienen voz y somos verdaderos defensores de los derechos de nuestra audiencia. Esa función social y de orientación cívica no lo tienen la mayoría de los canales en inglés.

También tenemos una ventaja sobre ellos: millones de migrantes hispanoparlantes seguirán llegando a Estados Unidos en las próximas décadas y rápidamente se convertirán en parte de nuestra audiencia. Pero tenemos que reconocer que los latinos más jóvenes prefieren informarse y comunicarse en inglés. Yo lo veo en mi propia casa.

Por eso surgió la cadena Fusion en 2013. Fue el primer esfuerzo en inglés de la cadena Univision que luego se extendió a varios sitios digitales. La idea original era crear un canal de televisión en inglés para los hispanos más jóvenes. Pero pronto nos dimos cuenta de que ese hubiera sido un error estratégico. Los estudios de audiencia indicaban que ellos no querían una estación de televisión solo para latinos; ellos se sentían totalmente parte de Estados Unidos. Así la programación de Fusion se creó para todos los *millennials,* no solo los latinos.

El experimento continúa y la dirección es la misma. El 69 por ciento de los latinos de segunda generación y el 83 por ciento de los hispanos de tercera generación ven televisión mayormente en inglés. ¿Por qué? Porque piensan en inglés (63 por ciento y 80 por ciento, segunda y tercera generación respectivamente, según el Pew Research Center).

Con las noticias pasa algo parecido. Cada vez hay más latinos que solo reciben sus noticias de medios en inglés: de un 22 por ciento en 2006 a un 32 por ciento en 2012. Y los adultos hispanos que dicen informarse, al menos parcialmente, con algunas noticias en inglés subieron del 78 por ciento al 82 por ciento en el mismo periodo.

Todo esto es el resultado natural de una comunidad que crece más por niños nacidos en Estados Unidos que por adultos venidos del sur de la frontera. Y, por lo tanto, a través de las generaciones el inglés se va convirtiendo en la lengua dominante. Incluso entre los latinos que prefieren hablar en español existe la convicción de que el inglés es necesario para tener éxito en este país.

Ahora, lo más interesante de todo es que este rápido proceso en que el inglés se convierte en el idioma dominante no significa necesariamente que los latinos se sientan como el "típico americano".

El Pew Research Center realizó un estudio interesantísimo en 2012 —*When Labels Don't Fit: Hispanics and Their Views of Identity*— y concluyó que casi la mitad de los hispanos (47 por ciento) no se considera el típico americano. No es ninguna sorpresa que los que hablan sobre todo español, los extranjeros y los que tienen menos educación e ingresos se sienten, incluso, menos americanos.

No, yo tampoco me siento como el típico americano. Otros tampoco. ¿Cómo te puedes sentir como el típico americano si deportan a tus papás, si la policía te agrede, si eres víctima de racismo, si el presidente ofende a tu familia o si no tienes las mismas oportunidades que otros simplemente por tu apellido, tu acento o tu color de piel?

No hay nada típico en eso.

Por eso, cuando nos preguntan qué somos, muy pocos dicen "estadounidenses". Más de la mitad (51 por ciento) prefiere identificarse con el país de origen de su familia: mexicano, venezolano, cubano, colombiano, etcétera. Uno de cada cuatro (24 por ciento) escoge uno de los términos que he utilizado en este libro: latino o hispano. Y solo uno de cada cinco (21 por ciento) se describe como americano.

Esto no es ningún insulto para Estados Unidos ni falta de lealtad. Refleja la enorme complejidad de nuestras familias mixtas y mezcladas: de varios países, con distintas situaciones legales, con muchas diferencias de raza y religión, y con un dominio muy desigual de los idiomas.

De la misma manera en que muchos no se consideran el típico americano, hay otros hispanos que sí se sienten así y no marcan ninguna diferencia o distancia con la mayoría de la población. Son los *post-Hispanic Hispanics,* como les llamó el diario *The New York Times.* No hablan español como primera lengua y se identifican más con las ideas de su partido político o de su grupo social que con su etnicidad.

A pesar de lo anterior, la integración como grupo nunca es completa. "Los latinos no se encuentran en un camino directo para convertirse en blancos, pero tampoco están inevitablemente marcados como unos extraños de color", escribió el investigador Roberto Suro en su libro *Strangers Among Us.* Suro describe perfectamente por qué es tan difícil asignar una identidad permanente a los latinos debido a su enorme movilidad social, geográfica y de lenguaje. Los latinos pueden venir por unos meses o quedarse a vivir el resto de sus vidas, hablar inglés, español o *espanglish* en casa, y sentirse como extranjeros viviendo en un país ajeno o percibirse como totalmente estadounidenses.

Así que los latinos vamos desde estar totalmente integrados, como los *post-Hispanic Hispanics,* hasta los que se encuentran muy marginados, como algunos indocumentados recién llegados. Hay de todo.

El más claro esfuerzo oficial por unirnos ocurrió en el censo de 1980, cuando se utilizó por primera vez la palabra *Hispanic.* En el censo de 2000 añadieron la palabra *Latino.* Pero en realidad somos muchas cosas a la vez: podemos escoger entre negro, blanco e indígena; identificarnos con el país de papá, de mamá o con ninguno de los dos; enfatizar nuestro lugar de nacimiento o la nación del pasaporte que portamos; decir que somos los que hablamos con acento o sin acento; podemos pertenecer al grupo más grande o al más pequeño; o inventarnos nuevamente basados en uno de esos pequeños rasgos que esconde toda familia.

En nuestra identidad hay mucho de biología y geografía, pero también hay mucho de voluntad. Somos lo que nacimos y lo que queremos ser.

En términos muy generales somos parte de un grupo que tuvo su origen en América Latina y en España, y que vive en Estados Unidos. Eso es todo. Es la generalización más grande que podemos hacer. Pero las combinaciones son casi infinitas.

Yo soy un mexicano que vive en Estados Unidos y un estadounidense que nació y creció en México, que tiene dos pasaportes, que vota en dos países, que es inmigrante, que tiene dos hijos norteamericanos, que es bilingüe, que habla español con acento chilango e inglés con acento de recién llegado, y que insiste en ser todo a la vez. Nadie tiene por qué obligarme a escoger.

La escritora Isabel Allende cree lo mismo. Una vez me expresó la inquietud que le generaba la constante petición de los periodistas de que escogiera entre Chile y Estados Unidos. Hasta que después de los actos terroristas del 9/11 entendió que no tenía que escoger. Ese día se sintió muy estadounidense, muy solidaria con sus vecinos en San Francisco, muy cercana a sus compatriotas en Nueva York.

A mí me pasa igual. Por claridad y simplicidad me gustaría poder decirles que soy mexicano a secas, o estadounidense y ya, o cualquier otra cosa. Pero les mentiría. Soy de aquí y de allá. No estoy en guerra conmigo mismo. He aprendido a manejar la diversidad dentro de mí y a brincar la frontera a voluntad, física y emocionalmente.

No siempre fue así. Tardé 25 años en convertirme en ciudadano estadounidense. Lo pude ser mucho antes, pero esperé. Mis matemáticas eran más o menos estas: cuando cumpla en Estados Unidos los mismos años que viví en México —pensaba— me haré ciudadano. Y así fue.

Pero había algo más. Me había tocado cubrir las guerras de Afganistán e Irak y era muy consciente de cómo un presidente podía decidir sobre la vida de miles de ciudadanos estadounidenses y de inmigrantes (residentes legales). Quería asegurarme de que en la Casa Blanca hubiera alguien a quien pudiera confiarle esa decisión tan personal. Mi única manera de hacerlo era votando para escoger a ese presidente. Y para eso necesitaba convertirme en ciudadano estadounidense.

En 2003 estaba totalmente desilusionado con la decisión del presidente George W. Bush de inventarse la existencia de armas de destrucción masiva para justificar una brutal guerra en Irak. Sí, Saddam Hussein era un dictador. Pero él no tenía armas de destrucción masiva al inicio de la guerra ni había tenido nada que ver con los ataques terroristas del 9/11.

Me prometí votar para las elecciones de 2008. Ese año cumpliría 50 años, la mitad en cada país.

México es un país maravilloso y hermoso, de gente solidaria, donde nunca te sientes solo. Y Estados Unidos es una nación muy generosa que me dio la libertad y las oportunidades que no hubiera podido tener en ninguna otra parte del mundo.

En un momento dado creí que me iba a costar trabajo participar en la ceremonia de juramentación. Después de todo, era un proceso que me había tomado un cuarto de siglo. Pero tan pronto entendí que no tenía que renunciar a mi pasado, a mi origen ni a mis tradiciones, lo asumí todo con serenidad y paz interior.

Estaba sumando, no restando.

Hay algo realmente hermoso cuando uno abraza a un país y ese país te abraza a ti también. Para que funcione tiene que ser recíproco; el país te adopta, pero uno también tiene que adoptarlo.

Parte de mi trabajo consiste en ver con una mirada crítica e independiente lo que no funciona o lo que duele en cualquier país del mundo. Es difícil entenderlo, pero muchas veces es una labor de amor cuando tratas de que las cosas mejoren en el lugar donde vives. Uno critica lo que de verdad le importa y lo que quiere. Pero eso no significa que se trate de una traición o de falta de solidaridad.

Es mi trabajo y es mi país.

Ser inmigrante en la era de Trump

———

Mi acento me delata.

Apenas digo algunas palabras en inglés, la gente sabe que soy de otro lugar, que no nací en Estados Unidos. Llevo más de tres décadas aprendiendo inglés y creo que nunca lo voy a hablar perfectamente. Me puedo comunicar sin problemas con la mayoría de los estadounidenses, pero mi acento siempre está presente.

Muchos saben que ese acento es de un mexicano, pero pocos saben que es mucho más complicado que eso. Es un acento chilango, del norte de la Ciudad de México, donde hay un cierto cantadito en muchas palabras. Eso no se olvida nunca.

Y cuando hablo inglés con acento a muchos no les gusta. Particularmente cuando lo hago por televisión. (Me lo hacen saber con todas sus letras en las redes sociales).

Eso me recuerda a una magnífica entrevista que la periodista radial Terry Gross le hizo al comediante sudafricano Trevor Noah, con motivo de la publicación de su libro *Born a Crime*. Noah, quien reemplazó a John Stewart en el *Daily Show*, habla seis idiomas y es un experto en identificar y copiar acentos.

"Cuando oyes hablar a alguien con acento es casi como si estuviera invadiendo tu lenguaje", dijo Noah en la entrevista del programa Fresh Air. "Se siente como una invasión de algo que te pertenece. E inmediatamente cambiamos".

Es una aguda observación. La realidad es que el inglés no le pertenece a nadie y lo podemos hablar como se nos dé la gana. O como podamos. Pero es inevitable que algunos se sientan agredidos o incómodos y que te hagan sentir que estás fuera de lugar.

Ser inmigrante es estar fuera de lugar. En ocasiones, toda una vida. Eso queda claro en el libro de Edward Said con un título tan apropiado como *Fuera de lugar*.

Said era un intelectual que nació en Palestina durante la época del dominio británico, estudió en Inglaterra y dio clases en varias universidades de Estados Unidos. En su libro explica esa sensación de ser de muchos mundos y sentir internamente muchas corrientes:

> En ocasiones me siento como un racimo de muchas corrientes. Prefiero esta idea a la de un ser sólido, una identidad a la que tantos le dan mucho significado. Estas corrientes, como los temas de nuestra vida, fluyen mientras estamos despiertos y, en el mejor de los casos,

> no requieren una reconciliación o armonía...
> Es una forma de libertad, me gustaría pensar,
> aunque no estoy totalmente convencido de
> que lo sea... Con tantas disonancias en mi vida
> he aprendido a preferir no estar totalmente
> bien y a estar fuera de lugar.

Es muy interesante que Said describa esta sensación de estar fuera de lugar como una "forma de libertad". De alguna manera lo es. Muchos inmigrantes tienen un momento de lucidez en el que se sienten poderosos y libres. El razonamiento es más o menos así: si yo logré salir de mi país y tener éxito en otro, no hay nada que me pueda detener. Somos, literalmente, de muchos lugares.

El inmigrante, el extranjero, puede escoger muchas vidas, o incluso regresar, o tratar de regresar, a la que dejó atrás. Todas esas posibilidades o corrientes de vida viven simultáneamente dentro de nosotros. A veces unas se imponen sobre otras pero nunca desaparecen.

Es precisamente esa fluidez de identidad la que incomoda tanto a tantos. Muchos quisieran que los latinos fuéramos fáciles de definir y que sus lealtades fueran solo con el país en el que viven. Pero su realidad histórica y su vida diaria son muy distintas a las de la mayoría de los estadounidenses. Vivimos —y algunos nacen— con dos lenguas maternas, no una. Hay días que los empiezo en español, reviso las noticias en inglés y leo *The New York Times,* llamo a mi mamá a México, escribo mi columna en español y reviso su traducción al inglés, hablo con mis hijos en *espanglish,* hago un par de entrevistas en CNN o Fox News, doy el noticiero de Univision en español, regreso a casa escuchando MSNBC en la radio o una estación de los Beatles, me meto en Facebook y en Twitter en los dos idiomas, digo las cosas más personales en español y luego tengo sueños totalmente bilingües. Es imposible que con una vida así, llena de viajes, con una historia compartida entre norte y sur y en varios idiomas, pueda ser el típico estadounidense. Lo siento mucho, pero no se puede.

Hay días en que hablo mayormente en inglés, como ensaladas y hamburguesas, y me siento muy acoplado a Estados Unidos. Otros, como cuando está jugando la selección de fútbol de México, no puedo evitar unos gritos en español y esa sensación de pertenencia con otros mexicanos.

Y hay días en que estoy solo, muy solo.

Nunca me he sentido más solo que un año nuevo en Los Ángeles. Era el 31 de diciembre y no había ido a México debido a que tenía que trabajar. Me habían invitado a una fiesta en el centro de la ciudad y en el preciso momento en que dieron las doce de la noche, todos a mi alrededor se abrazaron para felicitarse, pero yo no tuve a quien abrazar o felicitar. Ahí me di cuenta de que estaba solo.

Era un inmigrante.

Solo.

Por más integrado que estés en tu país adoptivo, a veces es inevitable sentir que estás "fuera de lugar", que vives un desplazamiento (prefiero el término en inglés, *displacement*) físico y mental. Hay veces en que, por más que quieras, sabes que no perteneces a ese lugar.

Por supuesto, no siempre es así. Una amiga me dijo un día que mi hija, Paola, que acababa de nacer, me salvaría. Tuvo razón. Paola me hizo entender lo que era realmente importante en la vida, pero también me aferró a Estados Unidos. El nacimiento de Nicolás, unos años después, reconfirmó mi decisión de quedarme a vivir en este país. Además, él se convirtió en mi mejor profesor de inglés.

¿Cómo se puede vivir lejos de tus hijos? Yo no sé hacerlo. Además, la primera obligación de cualquier padre es estar presente. La vida de mis hijos era en Estados Unidos, por lo tanto la mía también.

Nada te aferra más a una nación que el hecho de que tus hijos hayan nacido ahí. Esto transforma tus planes y tu forma de vida. De pronto una vida binacional o transnacional, en la que todavía consideras regresar algún día a tu país de origen, va cambiando hasta que llegas a la decisión de que nunca más dejarás Estados Unidos. Históricamente hemos visto cómo los inmigrantes, poco a poco, se alejan de las noticias de sus países de origen y dejan de enviar dinero a sus familias hasta que dos o tres generaciones después sus hijos o nietos han perdido casi por completo esa conexión psicológica y emocional con el país de sus padres y abuelos.

Ese proceso de integración se fue dando de una manera casi orgánica desde mediados de los años sesenta hasta finales del siglo XX. Pero tras los actos terroristas del 9/11, fue creciendo de manera paulatina un sentimiento antiinmigrante —con leyes locales y estatales que hacían la vida imposible a los extranjeros— hasta el surgimiento de la candidatura presidencial de Donald Trump. Esto casi ha roto la tradición centenaria de aceptación de los inmigrantes como parte de la sociedad estadounidense.

Desde luego, no es la primera vez que ocurre un rechazo masivo a distintos grupos de inmigrantes. Lo que antes sufrieron irlandeses, chinos y japoneses ahora lo están sintiendo latinos y musulmanes, y posiblemente lo experimentarán los asiáticos en unas décadas. Lo distinto en esta ocasión es la intensidad y extensión del ataque a los extranjeros, y que el ataque viene desde el mismo presidente de Estados Unidos.

Nunca antes había ocurrido algo así.

El plan original de deportaciones masivas de Trump durante la campaña electoral fue brutal y sin precedentes en la historia de este país. En agosto de 2015 le dijo al periodista Chuck Todd de la cadena NBC que los 11 millones de indocumentados en Estados Unidos tendrían que ser deportados o salir del país. "Se tienen que ir", le dijo en una entrevista en un avión privado. "Se tienen que ir. Tenemos un país o no lo tenemos".

En septiembre de 2015, durante una llamada telefónica con miembros del partido republicano reportada por la cadena CBS, Trump estableció sus fechas para las deportaciones masivas. "Pienso que es un proceso que puede tomar de 18 meses a dos años, si se maneja correctamente", dijo Trump. "Los voy a sacar tan rápidamente que tu cabeza va a dar vueltas y mucho antes de la construcción del muro. Van a estar fuera de aquí".

Hagamos las matemáticas del horror.

Para deportar a 11 millones de personas en dos años se necesitaría utilizar al ejército o una fuerza similar. Se trata de una movilización mucho mayor que la Operación Wetback que sacó a más de un millón de mexicanos en 1954.

El truculento plan de Trump implicaría identificar, detener y deportar a más de 15 mil personas por día. Sacarlos del país requeriría al menos 30 aviones Boeing 747 diariamente. Su arresto y detención obligaría a usar estadios y lugares públicos. Las imágenes diarias de familias destruidas y separadas serían noticia en todo el mundo.

Además, ¿qué pasaría con los 4.5 millones de niños estadounidenses que tienen al menos una madre o un padre indocumentado? ¿También serían deportados con sus padres o estarían al cuidado del Estado?

Lo que propuso Trump fue el terror y la intolerancia.

Y con este plan fue elegido presidente de Estados Unidos.

Para mí esto es personal.

¿Cómo no sentirse atacado y rechazado cuando más de la mitad de los latinos mayores de 18 años son extranjeros? ¿Cómo mantener la calma cuando el líder de tu país planea deportar a tus vecinos, a tus compañeros de trabajo, a tus familiares, a los que te cuidan y te dan de comer? ¿Con qué cara se atrevía Trump a pedir el voto latino y al mismo tiempo decirle al votante hispano que quería deportar a su padre, a su madre, a su hermano o hermana?

¿Cómo no sentirse rechazado o como ciudadano de segunda clase cuando la historia de Estados Unidos está plagada de ejemplos de inmigrantes que eventualmente se convierten en ciudadanos estadounidenses y, en estos momentos, ni siquiera se contempla una legalización de indocumentados sin camino a la ciudadanía?

Parte de la experiencia de ser estadounidense es tener un pasado inmigrante, incluso en la ilegalidad, y luego participar en un proceso (de ciudadanía) que te otorga exactamente los mismos derechos que los demás.

No hay nada más estadounidense, nada más "americano", que incorporar e integrar al que viene de fuera, independientemente de su acento u origen.

Esa experiencia de pertenencia se está resquebrajando.

El experimento llamado Estados Unidos se basa en el extraordinario proceso de convertir en "nosotros" a los "otros". Por primera vez en su historia ese proceso se ha detenido por iniciativa presidencial y con la intención de no volver a restablecerse.

Trump y sus seguidores se rehúsan a aceptar a quienes consideran "criminales" e "invasores". Esos "invasores" de los que Trump tanto se queja limpian y mantienen sus hoteles y restaurantes, pero a la hora de la comida no los quiere sentar en la misma mesa.

Este es el Estados Unidos que nos tocó y al que hay que enfrentar y cambiar.

¿Qué significa ser un inmigrante latino en Estados Unidos en la era de Trump? De entrada significa ser miembro de una minoría atacada y discriminada. Pero es una minoría que crece y que por primera vez sabe lo que significa tener algo de poder.

En este caso ser minoría tiene una ventaja: todo, eventualmente, irá a más. Y por eso es inevitable tener una actitud de rebelde y de lucha constante, sobre todo cuando tu grupo es malentendido y marginado. ¿Cómo no rebelarse cuando te ofenden o cuando te hacen sentir que este no es tu país?

Una de las cosas que más he admirado de Estados Unidos es la convicción de que las cosas siempre van a mejorar, que las personas se pueden superar y que habrá oportunidades para todos. Es una filosofía de vida armada durante más de dos siglos. O más bien es casi una cuestión de fe (que no tiene nada que ver con la religión).

Hay naciones cuya historia lleva a sus pueblos al pesimismo y al escepticismo. Aquí no. Incluso en los momentos más difíciles, como estos, siempre está presente el optimismo, un marcado espíritu de superación y la certeza de que todo se puede cambiar.

A pesar de las malas vibras y noticias, este también es el país donde nacieron mis hijos y creo mucho más en ellos y en el poder de su generación que en las ideas racistas, xenofóbicas y destructivas de Donald Trump.

Así que aquí voy a hacer una apuesta y esa es por mis hijos y por el país que ellos quieren construir.

Cuando regreso a México...

———

Aunque viajo varias veces al año a México, por motivos personales y profesionales, tengo que reconocer que el país a veces se me va de las manos y se convierte en una serie de noticias, retratos y arrebatos, no siempre apegados con fidelidad a la realidad. A veces pienso en México con verdadera nostalgia. En otras caigo en la trampa de estereotiparlo como una nación de suma violencia y fosas clandestinas. Y luego puedo imaginármelo también como un país casi mágico, como si lo estuviera viendo un extranjero.

He escrito muchas columnas sobre México. La mayoría tiene que ver con política y con la difícil e incompleta transición hacia la democracia. Quiero compartir aquí cuatro textos que he escogido y actualizado porque reflejan, en este orden, mi nostalgia, mi frustración, mi asombro y mi deseo de cambio en México.

DE REGRESO A CASA

Estamos atorados. Es casi medianoche y hay más aviones
llegando al aeropuerto de la Ciudad de México que puertas para recibirlos. Esperamos media hora en un avión
que no se mueve, otra media hora en un camioncito que
no llega a ninguna parte y una hora más haciendo fila
y pasando migración y la aduana. Aprieto un botón. Es
verde. Oigo: "Pase". Hace frío y es de madrugada, pero
no importa.

Ya llegué.

Más que otros años, me urgía regresar a México. Aunque fuera un ratito. A ver a mi mamá, a mis hermanos
y a la ciudad que dejé hace tanto. La nostalgia empieza
por la boca. Me atasco de tacos al pastor, de huevos a la
mexicana, de caldo de camarón, de churrumais, de galle-
tas Marías con mantequilla de La Abuelita, de leche fría
con Chocomilk, el de Pancho Pantera. Era mi menú de
niño. Hoy es el *comfort food* del que regresa (aunque duela
la panza).

Es también mi *madeleine*. Esos olores y sabores me
regresan a un México que ya no existe, pero que traigo
arado como rayitas en mi memoria. Proust a la mexicana.
Las pláticas están salpicadas de qué fue de fulano y de
zutano, o de quién vive ahora en nuestra casa. Sí, nuestra
casa.

Uno de mis hermanos saca una foto de su celular.
Ahora nuestra casa está pintada de amarillo y alguien
mandó a cortar el árbol de la entrada. Nuestra casa es
desde luego donde crecí durante casi dos décadas, en el

Estado de México, y que mis papás vendieron dos décadas atrás. Pero esa es la casa que mi alma, cualquier cosa que eso sea, reconoce como propia, no la otra veintena de casas y apartamentos que como nómada digital he habitado en Estados Unidos.

Los que podemos regresamos a nuestra casa, donde quiera que esté, al menos una vez al año. De preferencia en Navidad y Año Nuevo. Esta vez, quizás, muchos regresan con más alegría que antes porque Donald Trump nos quiere hacer la vida imposible a los inmigrantes en Estados Unidos. Su mensaje de odio se ha extendido en las encuestas, en las redes sociales y en las bocas amargas que ahora se sienten con la libertad de insultar igual que el copetón.

Yo voy y vengo. Mi vida —ese tinglado compuesto por hijos, trabajo, sueños, inversiones y amores— está bien anclada en Miami. Miami, una generosa y cambiante ciudad poblada en gran medida por gente que no nació ahí, es mi segundo hogar. A los hispanos en Miami, dice un buen amigo, nos tratan como a ciudadanos de primera. Es cierto. Nadie se siente extranjero en *Mayami.*

Pero muchos mexicanos ya se cansaron. Se cansaron en Chicago y en Houston y en Los Ángeles y en Puebla York, de chambear y chambear por años y de seguir igual de lejos del sueño americano, esa mezcla de casa bonita, trabajo decente, buena escuela para los niños y la promesa de que mañana las cosas van a ser mejor. Y por eso se están regresando a México para no volver.

A pesar de la narcoviolencia en México, de la corrupción oficial y de un presidente que sigue escondido, muchos inmigrantes están regresando. ¿Por qué? Por falta de oportunidades económicas en Estados Unidos, por un creciente clima antiinmigrante y por las deportaciones. Y también porque en México no hay ni Trump ni terrorismo.

Me trepo a otro avión y una vez más me siento dividido. Dejo a unos en México, pero otros me esperan en Miami. Y me doy cuenta de que en el fondo soy de muchas casas y muchos lugares. Así nos toca a los inmigrantes. Cierro los ojos y trato de hacer la paz conmigo mismo mientras el avión, suave, pero inevitablemente, se levanta.

Diciembre, 2015

EL PAÍS DE LAS FOSAS

La llaman "la alberca" porque los cadáveres que encontraron en esa fosa estaban acomodados muy cerca el uno del otro. Esa es solo una de las 120 fosas donde han hallado más de 253 cráneos y restos humanos en el estado mexicano de Veracruz. Es, quizás, el cementerio clandestino más grande de México. Pero el presidente Enrique Peña Nieto y su gobierno han actuado como si no tuviera que ver con ellos, como si todo hubiera ocurrido en otro país.

"Nos dijo una embajadora de un país europeo que con 50 muertos o menos ya estarían movilizándose totalmente las autoridades", me comentó en una entrevista Lucía de los Ángeles Díaz, la fundadora del Colectivo Solecito que descubrió las fosas clandestinas a finales de 2016. "De hecho no hemos escuchado que se haya pronunciado el presidente Peña Nieto. Seguimos en el anonimato porque las autoridades encargadas de reconocer la severidad del problema no lo han hecho".

En México no pasa nada y todos los días son día de muertos.

Lucía de los Ángeles tiene un segundo nombre exacto. Ella está al frente del grupo de unas 150 madres que buscan a sus hijos desaparecidos. Lucía puso un sol en la foto de su perfil en las redes sociales para infundir esperanza en las madres, y de ahí surgió el nombre del Colectivo Solecito.

El año pasado, una persona que no quiso ser identificada les dio un mapa con muchas cruces. Siguiendo una corazonada, y con mapa en mano, llegaron hasta la colina de Santa Fe en Veracruz. Ahí estaban las fosas. La gran frustración es que no hay un presupuesto oficial para identificar a la mayoría de las víctimas en esas fosas. ¿Cómo se le pregunta a una madre si ella cree que su hijo está enterrado ahí?

Hace casi cuatro años que Lucía no ve a su hijo Luis Guillermo. Lo llamaban cariñosamente el "DJ Patas". Lo invitaban a tocar en las mejores fiestas de Veracruz. Pero el 28 de junio de 2013, tras salir de madrugada de un evento, lo secuestraron sujetos armados. La esperanza era que se tratara de un secuestro exprés, con visita a varios cajeros automáticos y un buen susto para contar a sus amigos. No fue así.

Lucía, como muchas de las madres, se resiste a creer que Luis Guillermo está en una de esas fosas. Con precisión científica me recuerda varios casos históricos de desaparecidos que son encontrados años más tarde y la absoluta falta de pistas para dar con el paradero de su hijo.

Lucía no llora en la entrevista. Este no es el momento de llorar. "Nosotras no cuestionamos lo que hacemos —me dijo—, lo hacemos porque somos madres. Nosotras luchamos y seguimos buscando hasta encontrar".

La doble tragedia de las familias de los desaparecidos radica en perder a un familiar y no contar con las autoridades para resolver el crimen. "Todo está sucediendo con la anuencia de la federación", me dice Lucía, vestida impecablemente de blanco y con una foto de su hijo en la solapa. "Es muy desafortunado tener gobiernos que no te representen, tener gobiernos que no vean y que no rindan cuentas".

México ha perdido su capacidad de sorpresa. El otro día, mientras reportábamos en Estados Unidos sobre las fosas que encontraron en Veracruz, esperaba ver protestas masivas en las calles mexicanas, al menos una investigación independiente en el Congreso y una explicación del presidente por televisión nacional, enumerando sus planes para identificar los cuerpos y encontrar a los culpables. Pero me quedé esperando. No pasó nada.

México es el país de las fosas. En el sexenio de Felipe Calderón 2006-2012 fueron asesinados más de 104 mil mexicanos, según cifras oficiales sobre homicidios dolosos. El sexenio de Enrique Peña Nieto 2012-2018 podría incluso ser más violento que el anterior.

Si hace dos años y medio desaparecieron a 43 estudiantes de Ayotzinapa y todavía no se sabe dónde están, ¿qué podemos esperar, entonces, sobre el hijo de Lucía?

¿En qué país encuentran unas fosas clandestinas con 253 cadáveres y todo sigue igual? No es normal que en un país maten y secuestren a sus jóvenes. México se ha acostumbrado a eso, pero no es normal.

Hace poco el presidente Peña Nieto dijo que "pareciera que viviéramos en el peor de los mundos cuando realmente no es así". ¿No es así? Pregúnteles a Lucía y a las otras madres del Colectivo Solecito. Pregúnteles, por favor.

Marzo, 2017

LA ULTIMA CENA

Tulum, Quintana Roo. Nunca había comido así. Ni comeré. Fue una de esas cenas irrepetibles. Pero les cuento, porque escribir es una forma de compartir.

La historia es esta. El chef René Redzepi de Noma, considerado por revistas y críticos como uno de los mejores restaurantes del mundo, decidió dejar Copenhague para abrir un lugar durante solo siete semanas en Tulum. (*Pop-up restaurants,* le dicen en inglés a este tipo de proyectos. Antes ya lo había hecho en Sidney y en Tokio). El pasado diciembre puso a la venta siete mil lugares en Tulum, a 600 dólares cada uno, y se vendieron todos en dos horas.

El gasto y la apuesta eran grandes. René no llegó solo. Se trajo a su familia y a un centenar de empleados de su restaurante en Dinamarca. Transformaron un estacionamiento en la zona turística de Tulum en un verdadero laboratorio de experimentación gastronómica.

Las mesas sobre la arena estaban ahí. La cocina abierta también. Pero René y sus asistentes se pasaron meses explorando los platillos e ingredientes típicos de la península de Yucatán.

Después vino la revolución.

Se trataba de sentir a México con otra boca. Y la pregunta va mucho más allá de la cocina. ¿Qué puede hacer un extranjero con las mismas cosas que tenemos aquí los mexicanos?

El resultado fue una verdadera revelación. René y su equipo probaron la misma comida con la que yo crecí en México. Pero la vieron con nuevos ojos, la deconstruyeron, la repensaron, la armaron con precisión de ingeniero y la presentaron de una manera muy novedosa.

Me sirvieron muchas flores, en sopa y como entrada; flores que antes de esa cena solo hubiera visto como decoración. Me comí de tres mordidas un salbute (o tortilla inflada) con chapulines, y chupé un alga marina que inyectaron con una michelada (o cerveza preparada).

Probé un ceviche de plátano con algas y bananas al pastor. Nunca había saboreado un pulpo más suave que el dzikilpak que pasó enterrado 12 horas en una vasija de barro y envuelto en masa.

Los cinco acompañantes en mi mesa llegaron un poco escamados porque iban a comer escamoles (o larva de hormiga). Pero este plato prehispánico fue servido en una tostada y rodeado de pequeñísimas hojas de la región. Fue una inesperada delicia.

Comí cocos tan suaves que su carne parecía gelatina. Pero lo convirtieron en algo trópico-nórdico con caviar escandinavo.

La salsa de mole negro, en lugar de servirla con pollo, la pusieron sobre una hoja santa horneada. Lo más reconocible fueron unos taquitos de "cerdo pelón", entre crujientes y suaves, en franco homenaje a la cochinita pibil. De postre nos dieron helado de aguacate a la parrilla y chocolate enchilado.

No soy crítico gastronómico y casi no tengo sentido del olfato (debido a tres operaciones de nariz), pero cada uno de esos platos tiene su historia y razón de ser. Me limito a describir lo que vi y degusté.

Desde la cocina se oían gritos de entusiasmo cada vez que se ordenaba o salía un plato, mientras cuatro yucatecas hacían las tortillas a mano. Los meseros, jóvenes y conscientes de ser parte de algo muy especial, eran precisos con las palabras y estaban enamorados de su comida.

"¿Por qué trabajas con René?", le preguntaron a uno. "Porque nos obliga a buscar la excelencia", fue su honesta respuesta.

Me tocó estar ahí la noche en que Noma cerraba sus puertas en Tulum. Cuando salió de la cocina el último postre hubo brindis y risas. *We did it*, "lo logramos", dijo René.

La lección es cómo un grupo de extranjeros vio a México como el mejor lugar del mundo para un gran experimento. Con lo mismo que tenemos hicieron algo totalmente distinto. Cuando ellos hablan de México no piensan en los muertos, las narcofosas, las trampas electorales o la corrupción. No, ellos piensan en un México de infinitas posibilidades y recursos, casi mágico, alegre, solidario y con "el servicio más bonito del mundo", como dijo un hotelero estadounidense que estaba presente.

Ojalá todos los mexicanos pudiéramos ver a México con el optimismo, respeto y esperanza con que René y sus amigos nos ven a nosotros. Al despedirme, le di un abrazo al chef y le dije: "Gracias por dejarme ver a mi país de otra manera".

Junio, 2017

LA GENERACIÓN DEL TERREMOTO

Este es un discurso muy distinto al que pensaba pronunciar. Iba a pedirles que desobedecieran, que no le hicieran caso a los políticos, que no tuvieran miedo de cuestionarlo todo, que no se quedaran callados, y que me enseñaran un México lleno de esperanza y posibilidades. Pero se me adelantaron.

Ustedes son la primera generación que se gradúa tras el terrible terremoto que sacudió recientemente a una parte del país y esa es, temo decirles, una enorme responsabilidad. A ustedes les toca rescatar, proteger y cambiar a México. La suya es la generación del rompimiento, la del sismo social.

Estoy, estamos, extraordinariamente orgullosos de la manera en que muchos de ustedes reaccionaron momentos después del temblor. Sin importar los riesgos y ante los enormes vacíos del gobierno, se lanzaron a las calles

a rescatar gente, a mover bloques de cemento, a coordi-
nar la ayuda de otros ciudadanos y a poner en práctica
todo lo que han aprendido en esta universidad durante los
últimos cuatro años. No esperaron a que nadie les diera
instrucciones ni permiso. Ustedes se graduaron, literalmente, con una prueba de fuego.

Por eso no estoy de acuerdo con los que han descrito a
la generación de los *millennials* como apática e indiferente.
Hasta hace poco tuve a dos *millennials* en casa, trabajo con
decenas de ellos y he aprendido mucho de ustedes. Como
periodista, aprecio que dudan de todo y de todos. Y como
inmigrante —soy mexicano pero hace años que vivo en
Estados Unidos— reconozco su lucha por la igualdad.
Nadie es superior o inferior. Y en una sociedad tan desigual como la mexicana se necesitan personas como ustedes que no permitan que nadie sea discriminado por su
origen social, religión, color de piel, orientación sexual o
por el saldo en su cuenta de banco.

Ustedes son la primera generación que sabe usar la
última tecnología mejor que sus profesores. (Es quizás
una cuestión de cercanía: que levanten la mano los que
anoche durmieron pegaditos a su celular). Pero déjenme
decirles dos cosas. La primera es que los principales problemas del mundo no se resuelven con una aplicación
en el teléfono. Y lo segundo es que los celulares, como
otros lo han dicho, nos acercan a los que están lejos,
pero nos separan de los que están cerca. No se vayan
con la finta. No permitan que sus encuentros termi-
nen como una cena de nucas. Levanten la cabeza y vean
quién está delante de ustedes. Sí, usen sus celulares, pero

no se olviden de vivir la vida en vivo. Créanme que el más feliz y exitoso no es el que se lleva más *likes* a la tumba.

Ustedes, con sus celulares y en las redes sociales, tienen la voz más potente que ha existido en la historia de México. Nadie puede gritar más fuerte. Usen esa voz. Primero para denunciar. No es normal que nos maten a más de 87 mil personas este sexenio. No es normal que desaparezcan a 43 estudiantes de Ayotzinapa. No es normal que tantos ex presidentes y ex gobernadores sean multimillonarios. No normalicen la violencia, la impunidad y la corrupción. Nos merecemos un país mucho mejor que el que nos han dado los gobernantes de turno.

Ya les dije por qué los admiro tanto y los felicito. Pero ahora viene lo más difícil. A menos de un año de las elecciones presidenciales, ustedes no pueden hacer como que se les apareció la Virgen y que no es con ustedes. Sí, es con ustedes. Están obligados a llevar al país en una dirección distinta.

Yo soy de la generación a la que se le cayó la universidad. En el temblor de 1979 se nos cayó la Iberoamericana y pusimos en práctica el dicho de que la universidad no son las paredes y los techos. Aprendí televisión en un cartón de colores. Pero la adversidad nos hizo más fuertes y mi generación es de creadores, de preguntones y de gente que no se deja.

Ustedes son la generación del terremoto. Les toca romper con un México viejo y construir el nuevo. En los últimos días nos han demostrado de lo que son capaces. Ahora, por favor, levanten la cabeza, vean de frente y usen su poderosa voz. Tras el terremoto ya lo demostraron: ustedes van por delante.

Fragmento de mi discurso a la primera generación
que se graduó de la Universidad Iberoamericana
tras el terremoto del 19 de septiembre de 2017.

Recuerdos de niño

———

Hay un retrato que me tiene muy inquieto. Es la fotografía de mi papá cargándome con un brazo. Tenía apenas meses de edad. Él aparece muy serio, casi distante, como si yo no estuviera ahí. Estoy vestido todo de azul, creo que de lana, con la boca abierta, y con una olita de pelo rubio partiéndome la cabeza por la mitad. Es posiblemente la primera foto de mi vida. Pero también es la única foto que tengo con mi papá.

La única.

He estado buscando en mis álbumes y en mi computadora otras fotos con mi papá y no las encuentro. Las hay de toda la familia. Pero ninguna de él y yo solos.

La relación con mi papá no fue fácil. No fluía. Se atoraba a cada rato. Recuerdo una sola ocasión en que jugó conmigo. Le trató de pegar a un balón de fútbol y yo traté de hacerle creer que todo estaba bien. Pero en realidad le pegó muy mal a la pelota, con la punta del zapato, y el intento de acercamiento padre-hijo terminó en solo segundos. Seguramente jugamos en otras ocasiones, pero yo no lo recuerdo.

Bueno, es cierto que me enseñó a jugar ajedrez, un juego que disfruto hasta hoy. Pero nuestras partidas, más que un juego, eran otro escenario de enfrentamiento entre padre e hijo. Siempre me ganaba. Salvo una vez que, por un descuido, le hice jaque mate. Nunca más se volvió a descuidar.

Nos llevaba a mis hermanos y a mí al "brinca-brinca" (un lugar de trampolines), pero prefería llevarnos pan de dulce a la casa, cuando regresaba de trabajar. Le gustaba llevarnos "rayaditos", una especie de *madeleine* a la mexicana.

Lo veía muy poco de lunes a viernes y, durante el fin de semana, le veía la nuca cuando manejaba para ir a visitar a mis abuelos. Supongo que su papá nunca jugó con él y a él nunca se le ocurrió cuestionar ese comportamiento.

Hablábamos poco. Nuestra única plática sobre sexo fue durante un rápido recorrido en auto de la casa al centro comercial. La terminó diciendo algo así como "si necesitas ayuda, me avisas". Por supuesto yo nunca le avisé de nada.

Mi papá era el de las reglas en la casa. ¿A qué hora vas a llegar? Nunca salgas sin dinero en el bolsillo. Llama si te atrasas. Haz la tarea. De niño le tenía miedo. Si lo veía leyendo el periódico en la sala me iba a otro lado. De vez en cuando daba gritos y manoteaba. Pero conforme fui creciendo entendí que así era, que los gritos eran inofensivos, que nunca iba a cambiar y que sus estrictas reglas en la casa eran una forma de querernos.

Para mi papá solo existían cuatro profesiones legítimas:

arquitecto —como él—, ingeniero, abogado o doctor. Ninguna me interesaba. Así que cuando le informé que iba a estudiar comunicación en la universidad, su respuesta fue: "¿Y qué vas a hacer con eso?".

"Eso", así le llamó a mi elección de carrera. Tengo que confesar que había algo de rebeldía y gusto en tomar una decisión que hiciera enojar a mi papá. Si no le gustaba a él, entonces debía de ser una buena opción. Ahora entiendo que su preocupación era mi futuro económico y que no quería que batallara en la vida como él.

Estudié lo que más me gustaba a pesar de las protestas de mi papá. Pero él no hizo lo mismo y se notaba. El arquitecto Ramos era un gran mago. Le encantaba hacernos trucos de magia a mis hermanos y a mí. Siempre pensé que esa era su verdadera vocación en la vida. Pero mi abuelo lo obligó a dedicarse a algo que no le apasionaba.

A pesar de todo, esta historia tiene un final feliz.

Luego de que me vine a vivir a Estados Unidos hice las paces con mi papá. La tensión y el distanciamiento que sufrimos cuando yo era niño y adolescente se convirtieron en una relación cálida y amorosa. Cuando me fui se rompió el duro molde de lo que debía ser, para él, la relación padre-hijo. Al liberarse de esa obligación, empezó a verme con otros ojos. Y yo a él.

Por fin nos abrazamos. Cuando yo iba a México pasábamos ratos juntos, a veces en silencio, muy a lo Ramos, pero lo disfrutábamos mucho. Siempre me despedía con un abrazo y un beso y eso era nuevo para los dos.

La televisión selló el pacto. Casi todas las noches él veía en su apartamento de la Ciudad de México el noticiero que yo hacía desde Miami. Y al terminar le hablaba por teléfono para preguntarle qué le había parecido. No le ponía mucha atención a las noticias. Veo el noticiero para verte a ti, me decía.

Generalmente me comentaba sobre mis corbatas. A él le encantaba usar corbatas de atrevidos diseños y, sabiendo eso, yo me ponía algunas que esperaba le fueran a gustar. "Corbatita", me decía desde el otro lado del auricular. Y cuando lo decía, yo sabía que le había gustado.

Una de las grandes tragedias de todo inmigrante es no estar con los que quieres cuando mueren. Yo sabía que mi papá estaba enfermo —había sufrido un par de ataques al corazón—, pero nunca sospeché que una noche mi mamá me llamaría para advertirme que se había puesto muy grave. La siguiente llamada fue para avisarme que había muerto.

Yo estaba en la sala de redacción, a punto de hacer el noticiero, y en total negación insistí en leerlo esa noche. Afortunadamente mis compañeros no me dejaron, me enviaron a casa y a la mañana siguiente volé a la Ciudad de México para su entierro.

¿Quién lo iba a decir? La televisión y esa profesión que mi papá no quería para mí fue lo que finalmente terminó uniéndonos.

Pero crecí en oposición a mi papá.

Y en oposición a los abusivos sacerdotes católicos de mi escuela primaria y secundaria.

Y rechazando el sistema antidemocrático que imperaba en México.

Así que con padre autoritario, maestros autoritarios y país autoritario, no tuve más remedio que convertirme en periodista.

———

Los inmigrantes no recordamos abstracciones. En mi caso, no pienso en un México genérico y de biblioteca. No. Recuerdo cosas muy concretas; momentos que con el tiempo, seguramente, se han transformado en memorias distintas a lo que en verdad ocurrió.

Recuerdo pasar días en la calle jugando al fútbol con mis hermanos Alejandro, Eduardo y Gerardo. Nos separa solo un año entre uno y otro. Compartíamos ropa, dos cuartos alfombrados y crecimos como una banda. Eso era perfecto para hacer equipos. La portería en la calle eran dos piedras grandes que quitábamos para que pasaran los coches. Con los vecinos nos inventábamos olimpíadas, campeonatos mundiales y todo tipo de competencias. A pie o en bicicleta. Mis rodillas siempre estaban llenas de costras. Cuando nos aburríamos de tanto correr nos íbamos a las casas en construcción y hacíamos nuestro escondite, una especie de baticueva, hasta que nos descubrían los albañiles y nos corrían. A mi hermana Lourdes la descubrí cuando ya era una adolescente y regresó de un largo viaje a Canadá. Como era la más pequeña de la familia, ella jugaba en la casa con sus muñecas y amigas mientras mis hermanos y yo estábamos rondando en la calle. Tarde, mucho más tarde, nos hicimos muy buenos amigos y confidentes.

Todas las mañanas tomábamos un autobús que nos llevaba a la escuela que quedaba a las afueras de la ciudad. Pero a veces para mí era como si nos llevaran al infierno. Era una escuela católica controlada por unos sacerdotes benedictinos que eran, en mi mente infantil, la versión más cercana al diablo. El padre William, el padre Rafael y el padre Hildebrando nos jalaban de las patillas del pelo, nos golpeaban con unas suelas de zapato en las manos y en las nalgas, y uno de sus sádicos castigos consistía en hincar al estudiante-víctima a la mitad del patio cargando unos libros con los brazos extendidos en forma de cruz. Recuerdo que el abuso físico y psicológico era frecuente. Para ellos era una cuestión de disciplina. Para nosotros era una cuestión de miedo. Un día el padre Hildebrando se molestó con alguna travesura que habíamos hecho y nos dijo la frase: "Ven la tempestad y no se hincan". Burlones, nos hincamos. El castigo se prolongó durante varios días. Nos obligaban a confesarnos los viernes. Pero los sacerdotes a quienes decíamos nuestros pecados eran los mismos que se encargaban de imponer la disciplina en la escuela. Por supuesto, todos aprendimos a mentir. Le tenía pavor a su cuento del infierno. Nos decían que si moríamos sin confesarnos nos iríamos con el mismito diablo. En esa época fue un grave error ver la película *El exorcista*. Las terribles imágenes me persiguieron durante años, tanto dormido como despierto. ¿Así que por eso había que confesarse? Yo me inventaba pecados los viernes, en una especie de cuenta bancaria con el cielo, ante el incierto escenario de que cometiera un pecado el fin de semana y me fuera a morir antes de la siguiente confesión. El padre William era para mí el más amenazante de todos. Siempre me pareció que su mirada estaba cargada de odio y que le ocasionaban cierto placer las pequeñas torturas a las que nos sometía. Ante mis ojos de niño asustado, más bien aterrado, él era un *sadosacerdote*. Llevaba el *neolite* —esa suela de zapato con la que nos pegaba— en la bolsa trasera de su pantalón, como una constante advertencia.

Una vez le comenté que tenía que salir temprano de la escuela para unos entrenamientos de atletismo. Mi objetivo era ir a una olimpíada. Su respuesta fue: "Tú no eres un *supermán*". *Supermán* no, pero tonto tampoco. Durante más de 10 años sufrí ese calvario hasta que un buen día les dije a mis papás que ya no podía más y me fui. Lo hice un año antes de terminar preparatoria o *high school*. No quería darles el gusto de graduarme de ahí. Había que huir del infierno. Por todo lo anterior no debe sorprender a nadie que desde niño dejé la religión y empecé a sospechar de los religiosos. Me bautizaron como católico, hice la primera comunión y me obligaban a ir a misa los domingos. Pero tan pronto me pude quedar solo en casa, dejé de ir a misa. Sin saberlo me fui convirtiendo en un agnóstico. No creo en la justicia divina, ni que alguien en el cielo determina lo que hacemos, ni que las cosas pasan por algo. Uno hace su propio destino y punto. Los padres Rafael, William e Hildebrando eran lo menos celestial que había conocido. El mundo es muy injusto. Como periodista me ha tocado ver cosas horribles. Si Dios existe, ¿por qué lo permite? Hay que ser buenas personas aunque no sepamos si va a haber premio al final. Me encantaría tener fe. Sería una enorme tranquilidad, particularmente en mis últimos años. Pero no la tengo. No sé qué va a ocurrir cuando me muera. Nada me haría más feliz que volver a estar con los que más quiero. Y si al final me equivoco y Dios existe y hay cielo y todos seremos muy felices eternamente, bueno, espero que me perdonen y que me inviten a la fiesta.

El recreo en esa escuela era la jungla. Una vez que salías del salón de clase había que protegerse de los *bullies,* que en esa época no se llamaban así, pero eran una verdadera mafia escolar y causaban terror al más valiente. Mi principal preocupación en la escuela eran los hermanos Peñafiel y el "Caballo". Uno de los Peñafiel una vez le pegó a mi hermano Alejandro en un partido de básquetbol y, muerto de terror, le fui a advertir que no lo volviera a hacer. Esperaba una tranquiza, pero supongo que fue benévolo conmigo. Y no lo volvió a hacer. El "Caballo" era otro abusador. Era mucho más grande que todos nosotros y se reía cuando nos golpeaba en la cabeza o cuando nos empujaba para sacarnos de la fila y meternos en problemas con los maestros. Ante el "Caballo" no tuve más remedio que aliarme con el "Perro". Así le decíamos a Armando, un compañero rudo, pero leal, que nos protegía de los abusos del "Caballo". Lalo y Mario eran mis mejores amigos, y creí equivocadamente que lo serían para toda la vida. (Cuando uno es niño suele pensar que todo es para toda la vida). Los profesores y sacerdotes prácticamente desaparecían durante el recreo, así que no teníamos más remedio que defendernos como podíamos. Casi todos los estudiantes de la escuela salían al descanso al mismo tiempo. Durante una espantosa temporada, a los más grandes de la escuela les dio por jugar "calzón" en el recreo, un brutal ataque que no puedo llamar juego, en el que todo un grupo te arrancaba la ropa interior sin quitarte los pantalones. Los más débiles y pequeños solían ser las víctimas. Yo me salvé, pero aún recuerdo con angustia a un compañero de clase que nunca más regresó a la escuela después de sufrir esa humillación tan dolorosa y pública. Pero así fue como aprendí a defenderme desde chico.

———

Mi mamá se convirtió en una rebelde. La primera rebelde, la primera feminista que conocí. Todo comenzó con el chocolate. Mi papá, desde que era niño, tomaba chocolate caliente. Pero no cualquier chocolate caliente. Había una manera —una sola— en que mi abuela Raquel le calentaba la leche, le ponía la cantidad exacta de cacao y luego lo batía para sacarle "espumita" apenas por arriba de la taza. Mi mamá, antes de casarse, aprendió a hacer el bendito chocolate. Así fue durante años. Hasta que un buen día, después de otro vergonzoso incidente en que mi papá le regresaba el chocolate porque la "espumita" no había subido a la altura correcta, mi mamá decidió no hacerle más el chocolate. La rebelión ya se estaba fraguando. Ahora entiendo que un incidente en Cuernavaca fue solo el preludio: mi mamá se bajó intempestivamente del auto y dijo que no se subiría más, mientras sus cinco hijos y mi papá le suplicaban que recapacitara. La guerra de independencia —en realidad, una batalla feminista— en la casa de los Ramos estaba a punto de comenzar. Mi mamá se compró su propio auto con el dinero que le dejó mi abuelo al morir y, poco después, se inscribió en la universidad. Sí, todo ocurrió en ese orden y por el maldito chocolate caliente de mi papá. Mi mamá tenía mucho de qué rebelarse. A ella no la dejaron ir a la secundaria. Fue al Instituto Familiar y Social a prepararse para ser esposa y ama de casa. Pero eso nunca la dejó tranquila. Años después, cuando vio que sus cinco hijos se iban a la universidad, ella quiso hacer lo mismo. Se inscribió en unos cursos de humanidades en la Universidad Iberoamericana, la misma a la que asistimos yo y todos mis hermanos, y era frecuente que nos la encontráramos en los pasillos del colegio. "Hice lo que yo quise", me contó recientemente, poniendo una cara de alegría y absoluta determinación. Ese fue uno de sus grandes triunfos personales en una vida dedicada a nosotros, sus hijos. Una vez, junto a la puerta de la cocina, se puso a hablarme de la felicidad. Yo era apenas un niño y nunca había tenido una plática como esa. Pero mi mamá continuó. La felicidad nunca es permanente, me dijo, solo se da en ciertos momentos. Y cuando llega hay que aprovecharla. Ella sabía de lo que estaba hablando. Su mamá murió de cáncer el mismo día en que ella cumplió 15 años. La habían sacado del cuarto donde su mamá fallecía, y luego nadie se tomó la molestia de decirle que había muerto. Tampoco la despertaron para llevarla al entierro. Todavía hoy mi mamá, la rebelde, sigue marcada por esos momentos.

Cada año mi papá llegaba con carro nuevo a la casa. Quizás no había dinero para reparar la gotera de la sala o para pagar las colegiaturas. Pero sí había para el auto del año. Este era el ritual: se acercaba mi papá a la casa tocando el claxon del coche, bajábamos corriendo de nuestros cuartos para subirnos al auto nuevo y él nos daba una vuelta a la cuadra. Si estaba de ánimo nos llevaba hasta una parte del Periférico que llamábamos la "subidita" y que se sentía como una montaña rusa. Con suerte nuestros vecinos veían el auto de papá que todos queríamos presumir. Mi papá brincaba con cualquier ruidito. Cada vez que se caía algo al piso volteábamos a verlo para registrar su enojo. En cambio, le gustaba poner a todo volumen la música de sus orquestas favoritas en la radio del auto (mientras conducía con una mano, y a veces hasta con dos, a un grupo imaginario de músicos). El carro también era el confesionario. Todos mis hermanos y yo pasamos por ahí para tener nuestra única plática sobre sexo con mi papá. Ese carro nuevo era el máximo lujo al que podía aspirar la familia Ramos Ávalos. Y una comida al año en un restaurante bueno. Yo siempre pedía camarones. Me encantaban. Pero también eran lo más caro del menú. Mi papá era el último en ordenar. Siempre sospeché que mi papá hacía un cálculo rápido de lo que pedíamos y pedía un platillo más barato, si era necesario, para que le alcanzara a la hora de pagar la cuenta.

Los sábados y domingos eran días de fútbol, chicharrones y familia. "Suban a saludar a su abuelito", nos decía mi mamá, y cinco pares de tenis subían rápidamente la escalera para sorprender al abuelo Miguel parado en el baño o todavía en la cama, leyendo voluminosos libros de historia. Mi abuelo Miguel, el papá de mi mamá, era un encanto. Nació en 1900 y recordaba con asombro cómo creció con muy poco. A él le tocó ver la llegada de la electricidad, los trenes y los aviones. Era un hombre generoso, agradecido con la vida y siempre estaba de buen humor. Cuando íbamos a su casa nos daba rompope a los niños, una bebida ligeramente alcoholizada, pero que nos hacía sentir muy importantes (y, supongo, medio *happy*). Mientras los adultos tomaban su aperitivo en la sala, los niños nos subíamos al segundo piso a ver la televisión. (Blanco y negro, por supuesto. Como la recepción de la señal era tan mala, a veces había que pararse junto al televisor para actuar como antena y ver mejor la imagen). Mi abuelo solía ponernos unos chicharrones de botana y cuando llegaba la hora de la comida ya no teníamos hambre. Junto con mi abuelo vivían sus hermanas, mis tías Elsa, Martha y Raquel. Siempre había gente y música en casa de mi abuelo Miguel y ahí era muy divertido pasar el año nuevo. El pequeño jardín era una feria. Mientras nosotros jugábamos al fútbol mi tía Rocío daba vueltas de carro, con todo y falda, mientras el resto de la familia se tomaba un tequilita o un *Bloody Mary*. Ahí rompimos nuestras primeras piñatas. El sonido del momento en que un palo rompe la olla de una piñata, con todos sus dulces cayendo al piso, es lo más cercano que existe a la felicidad instantánea. Y nosotros nos tirábamos al piso, como niños-pirañas, devorando todos los caramelos a nuestro paso. En cambio, en casa de mi abuelo Gilberto —el papá de mi papá— todo era seriedad y aburrimiento. Después de comer, los niños nos teníamos que ir al jardín para que los adultos pudieran tomar sus alimentos con tranquilidad. Luego de la comida y de que mi abuelo tomaba su siesta, había que subir a despedirse a su cuarto. Ahí nos daba un dulce, uno solo, y nos regalaba "el domingo", unas monedas para gastar en la tiendita de la escuela. Cuando murió mi abuelo Gilberto, mi abuelita Raquel se quedó con todo el dinero. O por lo menos eso creí. En uno de mis varios intentos por escapar de México, me aceptaron en la London School of Economics and Political Science. Era una gran oportunidad. Así que me fui a comer con mi abuelita y a la hora del postre le pedí los ocho mil dólares que necesitaba para ir a la universidad en Inglaterra durante el primer año. "No tengo dinero", me dijo. Ni lo pensó. Me daban ganas de decirle que mi abuelo Gilberto sí me hubiera ayudado; quería preguntarle dónde había quedado todo el dinero de la venta del rancho. Mi abuelo Gilberto tenía un rancho en el norteño estado de Coahuila, e ingenuamente siempre pensé que era de todos sus hijos y nietos. Nunca lo fue. Pero era inútil. Ese día, cuando mi abuela me negó el dinero para estudiar fuera, me hice una promesa: el dinero nunca sería un obstáculo para lograr mis sueños; esto no puede volver a ocurrirme, me prometí, ni a mí ni a las personas que más quiero. Y así ha sido desde entonces. No me pude ir a estudiar a Londres, pero ese día cambió mi vida y la de muchos otros.

Mi casa era de dos pisos, pintada de blanco y creo que de techo rojo. Ya ven, hay ciertas cosas que ya no recuerdo. Tenía una alta reja metálica y una puerta que nadie usaba. El garage era abierto, para dos coches, pero estacionábamos cuatro. Yo dormía en uno de los cuartos de arriba con Alejandro. Eduardo y Gerardo estaban en el cuarto contiguo, y a un lado estaba la recámara de mi hermana Lourdes. Los cinco compartíamos un solo baño. Enfrente, en el cuarto más amplio, dormían mis papás y a un ladito estaba la sala donde veíamos televisión. Ahí vi a Chabelo, Topo Gigio, la familia Monster y, cuando me dejaban acostarme tarde, la serie *Combate,* que pasaba a las 10 de la noche. Abajo estaba la sala —en donde no podíamos entrar porque era "solo para las visitas"—, la cocina con una larga plancha metálica para las comidas, un antecomedor y el jardín —con pasto y un pasamanos que usábamos de portería—, donde jugaba a ser Enrique Borja, el ídolo del fútbol mexicano. No había halago más grande en el mundo que me dijeran Borjita Ramos. Enrique Borja era un goleador nato; años después tuve el privilegio de conocerlo y contarle esta ridícula historia infantil sin que se riera en mi cara. La cocina era un hervidero. Entrábamos y salíamos para agarrar algo del refrigerador y luego salir a jugar corriendo. Ahí aprendí a hacerme sándwiches de mantequilla y azúcar en pan blanco. Ahora entiendo por qué es mi *comfort food*. Todavía hoy, cuando estoy ansioso o necesito algo que me quite rápidamente el hambre, como lo mismo. Y suelo acompañarlo de leche fría con chocolate. El mismo que me daba mi mamá "porque los niños no deben tomar café". (Y sigo sin tomar café). El único peligro que había en esa cocina era la olla exprés para cocinar frijoles —los cuales mi mamá limpiaba uno por uno para que no hubiera piedritas—, y que tenía la mala costumbre de explotar y dejar unas inmensas huellas en el techo. No, esas manchas de la olla exprés, con frijoles incrustados en todas las paredes, nunca las mandó a reparar el arquitecto Ramos. Lo que sí hizo fue solicitar una línea de teléfono. El proceso tomó años. Una vez que la solicitud fue aprobada, hubo que esperar a que la compañía telefónica hiciera unos kilométricos conductos terrestres para llevar la línea físicamente hasta nuestra casa, localizada a las afueras de la Ciudad de México. Imagínense una sola línea telefónica para siete personas. No había nada de privacidad. Había tres o cuatro auriculares distribuidos a lo largo de la casa y cuando el teléfono sonaba todos brincábamos a contestarlo. Si alguien estaba en una llamada era frecuente escuchar cómo se levantaba el teléfono en otra parte de la casa y se ponían a escuchar o a hacer ruidos raros para que colgáramos rápido. Tengo memorizado el número telefónico. (No lo incluyo porque increíblemente sigue siendo el mismo de mi infancia y no me gustaría que nadie molestara a los actuales inquilinos de esa casa). En casa no había fiestas. Cumpleaños y momentos importantes pasaban desapercibidos. Hace poco le pregunté a mi mamá por qué y su respuesta estuvo cargada de realismo: "No había dinero, Jorgito". Exacto, las fiestas cues-

tan dinero y cuando tienes cinco hijos hay cumpleaños, santos
y todo tipo de celebraciones cada rato. Así que la solución
fue no celebrar. Nada. O casi nada. La única fiesta que tuve
en mi casa fue cuando me gradué de la universidad. Además
de conseguir algunas botellas de vino, mi principal preocupación era que mis amigos no se dieran cuenta de la enorme
gotera que había en el centro de la sala y que por razones que
aún no logro comprender el arquitecto Ramos no mandó a
reparar durante años. Mi casa estaba casi en la mitad de la
calle. Nuestras vecinas eran las Sotres. Cuatro hermanas de
casi la misma edad que nosotros, cuatro hermanos hombres.
Nunca hubo un romance entre nosotros, pero vigilábamos por
las ventanas sus movimientos como, supongo, ellas hacían con
nosotros. Los Aceves —Alejandro, Sergio y Silvia— vivían a
dos casas y no había mayor alegría un fin de semana que nos
invitaran a nadar a la alberca de su casa, la única de la cuadra y
un verdadero lujo. Sassa y Piff estaban casi al frente de nuestra
casa, hablaban francés con su mamá, a quien le decíamos cariñosamente *Oui Mama,* y en su escuela los dejaban llevar el pelo
largo. Sassa es el primero del grupo que fumó. Contraesquina
vivían los Hallivis. Beto era el guapo de la calle, pero Luciano,
su hermano mayor, se convirtió en el más popular por ser el
primero en tener coche. Nos pasábamos las tardes sentados en
su Volkswagen oyendo música de *cassettes.* Los Mier y Terán
salían a la calle muy de vez en cuando y lo único que todos
sabíamos era que se iban a unos campamentos del Opus Dei.
(Yo fui a uno y lo mejor de todo el campamento fue el pan
caliente. Nunca más regresé). Los Prieto y las hermanas Mon-
taño completaban el grupo. Entrábamos y salíamos de todas
las casas de la cuadra como si fueran la nuestra. Y todos los

papás nos cuidaban como si fuéramos sus hijos. Vele a preguntar a tu tía Irma si tiene un poquito de azúcar. ¿Dónde están tus hermanos? En casa de Piff jugando carreterita. Ah. Vamos a comer. No, ya me comí un sándwich en casa de los Aceves. Había un acuerdo no escrito de que todos los habitantes de esa calle, con unas 20 casas, éramos una comunidad. Y esa especie de mágica protección se extendía muchos metros fuera de la cuadra. Mi mamá solía enviarnos a comprar pan y tortillas recién hechas a La Abeja, una tienda y panadería que quedaba a unos 10 minutos caminando rápido. Nunca nos pasó nada.

En esa casa aprendí a compartir (no había más remedio con tres hermanos menores y una hermana), a jugar donde fuera (en las calles siempre había lugar), a apreciar a tus amigos y a los que te rodean (uno no escoge dónde nacer ni dónde crecer), a ser rebelde y feminista (por el gran ejemplo de mi mamá), a rectificar (gracias al genuino y cariñoso cambio de conducta de mi papá), a no dejarme y a defenderme (de los brutales sacerdotes de la primaria y de los *bullies*), a ser independiente y no depender de nadie más (era inútil esperar mucho del gobierno o de mi abuela), y a no desear nada del cielo (sino solo del esfuerzo personal y del amor y la solidaridad de los otros).

Es decir, las cosas más importantes de la vida las aprendí en esa casa.

Anfibio-traductor

Anfibio.

    Eso es lo que soy.

    Y somos muchos.

Mi amiga, la escritora Sandra Cisneros, dice que ella es una "anfibia", que vive entre dos mundos y que puede servir como un puente entre México y Estados Unidos. Pero a los 57 años de edad, Sandra recogió sus cosas, cruzó la frontera, de norte a sur, y se fue a vivir a San Miguel de Allende, Guanajuato. "Me sentí más en mi casa, más feliz y más conectada a mi comunidad —me contó—. Me siento muy segura ahí. Los vecinos te están vigilando. En Estados Unidos mi temor era morir y que mis perritos me fueran a comer; que nadie me iba a encontrar hasta después de tres días. En México eso es imposible. Todos tocan la puerta. '¿Gas?' '¿Agua?' '¿Doñita?'".

Las casas y las mudanzas han marcado la vida y los libros de Sandra. Nació en Chicago, estudió en Iowa y luego se fue a dar clases a San Antonio. Pero en "Estados Unidos —me dijo— siempre me siento como una extranjera". Eso, irónicamente, la ayudó a convertirse en la escritora que es.

"Encontré mi voz en el momento en que me di cuenta de que era distinta", escribió en su libro *A House of My Own.* "No quería sonar como mis compañeros de clase; no quería imitar a los escritores que estaba leyendo. Esas voces estaban bien para ellos, pero no para mí". De ese descubrimiento nació Esperanza, la protagonista de su famosa novela *La Casa en Mango Street.*

En una linda carta y parafraseando al poeta David Whyte, Sandra me dijo que "tu casa es donde sientes que perteneces". Y por eso se fue a vivir a México.

Yo también soy un anfibio y me siento como un extranjero en Estados Unidos. Pero, contrario a Sandra, he decidido quedarme donde estoy. Creo que me he acostumbrado a esa incomodidad de estar fuera de lugar y de sentir que algunos no me quieran aquí. Y hay cosas mucho más importantes que me atan a esta nación —mis hijos, mis relaciones personales, mi trabajo, mi tarea con otros inmigrantes— que el frecuente rechazo de algunos intransigentes en las redes sociales.

Anfibio es una palabra perfecta para describir mi vida en Estados Unidos. Viene del griego *anfi,* dos o ambos, y *bios,* vida. Los anfibios son aquellos que viven en dos medios o hábitats, que conjugan dos vidas. Es una palabra que generalmente se aplica a los animales o a operaciones militares. Pero a los inmigrantes nos viene de maravilla.

Ser inmigrante significa que vives en dos lugares a la vez,

en ocasiones de manera simultánea o intercambiable. Vamos y venimos entre Estados Unidos y América Latina, de manera literal o figurativa. Hay días completos en que los mexicanos en Estados Unidos se la pasan pensando en lo que ocurre en México y otras veces ni se acuerdan.

En México algunos pueden decir que soy estadounidense y aquí me llaman mexicano. Para los que tenemos dos pasaportes, la frontera es un simple simbolismo. En realidad no existe. La cruzamos por arriba o por abajo y nadie nos para. Somos de los dos lados.

Es un gran privilegio, un verdadero honor, ser parte de un país. Es algo que me tomo con mucha seriedad. Pero en la práctica, en un instante, puedo decidir si soy mexicano o estadounidense. Cuando llego al aeropuerto de la Ciudad de México puedo hacer fila donde dice "extranjeros" o donde dice "mexicanos". Y mi decisión no requiere un profundo análisis filosófico ni acarrea ningún sentimiento de culpa. Generalmente viajo con mis dos pasaportes y escojo la fila que es más corta. Eso decide de qué país soy en ese momento. La estampa oficial de entrada en el pasaporte muestra lo que decidí ese día. Pero en la próxima visita todo puede cambiar.

Quizás les parezca extraño que pueda votar en los dos países, pero para mí es un derecho que me he ganado a pulso y es perfectamente legal. Tengo el derecho de votar en el país que me adoptó, donde nacieron mis hijos, donde he pasado más de la mitad de mi vida y donde pago mis impuestos. Pero también tengo el derecho de votar en el país donde nací, donde crecí, donde vive mi familia y que recibe una parte de las remesas que envío. Por mi profesión y por verdadero interés personal sigo muy de cerca las noticias políticas en México y

Estados Unidos y, cuando hay elecciones, sé que el resultado va a tener consecuencias muy concretas en mi vida y en la de los que me rodean.

Soy de dos países. Esa es la realidad.

Mi acento, chilango en español y mexicanizado en inglés, es como una de esas maletas de cuero que se rayan con todo lo que tocan, que van cambiando con el tiempo y se amoldan a lo que llevan dentro. Hay días en que puedo hablar inglés de corridito y sin grandes tropiezos, y hay otros en que parezco un principiante recién llegado. Y por más que practique y tome clases, nunca sentiré que domino el inglés de la misma manera que el español. Sueno como lo que soy; lleno de corrientes y voces que chocan, que se mezclan y se contraponen.

Uno nunca es solo una cosa a la vez.

Soy muchas cosas.

Lo que uno aprende como inmigrante es que somos, simultáneamente, muchas cosas. No tenemos una identidad sólida e inamovible. En un solo día me puedo sentir latino, mexicano, estadounidense, extranjero y recién llegado. En otros ni me lo cuestiono. La verdad, no nos pasamos el día con un cuestionario mental respondiendo qué es lo que somos. Esto ocurre cuando otros nos confrontan o cuando nos ponemos a rascar. Pero nuestra identidad está conformada de muchas partes móviles, que fluyen dentro de nosotros, que reaccionan con lo que nos rodea y que dan un retrato incompleto de quiénes somos en un momento específico.

Hay días en que siento que no pertenezco a ningún país. Veo a sus gobiernos y me parecen lejanos e ingratos. Hasta que algo me arranca de la abstracción y me vuelve a hacer parte del grupo, de la casa, del proyecto en que trabajamos.

Bueno, los anfibios —por vivir en dos mundos y manejar dos idiomas— nos convertimos, de manera totalmente natural, en traductores.

Nunca dejan de sorprenderme las historias de los niños bilingües que les traducen a sus padres cuando tienen que hablar por teléfono porque los mayores no hablan bien el inglés. Pero esos niños, convertidos temporalmente en adultos, cargan una enorme responsabilidad, muchas veces de manera involuntaria. Son puestos en situaciones muy delicadas —hablando de asuntos migratorios, de dinero, de impuestos, de cuestiones médicas— y transportados a un mundo ajeno. Son los traductores más jóvenes. Ser hijo o hija es, en parte, traducirle a papá y a mamá.

Yo vengo de esa tradición.

No me tocó traducirles al inglés a mis padres, pero me he pasado la segunda parte de mi vida traduciéndoles a otros. Desde que era reportero en la estación local de Univision en Los Ángeles (KMEX) a principios de los ochenta, salía a buscar información, en cualquier idioma, pero mis reportajes tenían que estar listos en español antes de las seis de la tarde.

Me tocaba hablar diariamente con muchos inmigrantes en español, pero la mayoría de los políticos locales prefería comunicarse conmigo en inglés. Llevar información de aquí para allá, saltando de lenguaje, se convirtió en lo más normal. Tanto así que me bastaba saludar a alguien para saber si íbamos a hablar en inglés o en español. Esa decisión no toma ni un segundo. Es algo casi automático. Digo "hola" o *"hello"* e inmediatamente se toma la decisión de qué lenguaje usar. Eso depende del idioma en que conteste la otra persona, de su acento y la familiaridad con que responda al idioma que propones al saludar.

Hay gente que inmediatamente me contesta en español, aunque se sienta más a gusto en inglés, como el alcalde de Los Ángeles, Eric Garcetti, o el senador y ex candidato a la vicepresidencia, Tim Kaine. Ambos lo hacen para comunicar un genuino interés por la comunidad latina. Hay hispanos —*post-Hispanic Hispanics*— como los hermanos de Texas, el congresista Joaquín Castro y el ex secretario de vivienda Julián Castro, o el senador Ted Cruz, que hablan un poquito de español, pero que siempre prefieren comunicarse en inglés. Algunos políticos solo te dicen algunas palabras en español —"hola", "¿cómo estás?", "buenas tardes"— como una especie de código, para dejar en claro que son hispanos y que tenemos algo en común.

En los primeros instantes de cualquier interacción con un latino se toman varias decisiones y se dicen muchas cosas sin hablar. Los que somos anfibios y bilingües tenemos que saber de qué mundo estamos saliendo y en cuál estamos entrando. Es un proceso muy rápido y casi inconsciente. De lo que se trata es de adaptarse rápidamente a la situación que se te presenta.

Contrario a lo que ocurría al principio de mi carrera, cada vez hay más políticos que aprenden español para poder comunicarse en su idioma con muchos latinos. Los casos que más recuerdo son los de los alcaldes de Nueva York, Bill de Blasio y Michael Bloomberg. Ambos tomaron clases intensivas para hacer comunicados y dar entrevistas en español, pero no ocurre lo mismo con la mayoría de los políticos. Hay que interpretarlos. En realidad, ¿qué quisieron decir?

El ex presidente George W. Bush hizo un esfuerzo enorme por comunicarse en español durante la campaña electoral de 2000 que lo llevó a la Casa Blanca. Bush tenía una gran asesora hispana, Sonia Colín, quien le enseñaba algunas palabras en español y lo sensibilizó ante los temas de más importancia para la comunidad latina. Bromeando he dicho que Bush fue el primer presidente estadounidense que creía que hablaba español.

Pero sus logros no son para reírse. Es muy posible que muchos de los 537 votos que le dieron la elección en Florida, con un poco de ayuda de la Corte Suprema de Justicia, hayan sido de electores hispanos (quizás cubanoamericanos) que escucharon sus comerciales y entrevistas en un muy estropeado español. A pesar de sus errores gramaticales y de pronunciación, lo que quedaba claro era la intención de Bush de hablar en español.

Cuatro años más tarde, en las elecciones de 2004, Bush obtuvo casi la mitad del voto latino (44 por ciento) utilizando una estrategia de comunicación muy similar a la de las votaciones del año 2000. Fue en esa época cuando se pensó que los republicanos algún día podrían conseguir uno de cada dos votos latinos. Bush no estaba dispuesto a realizar ninguna reforma migratoria ni a suspender las deportaciones. Pero su esfuerzo, tan personal, por comunicarse en español con los votantes latinos y la promesa de un trato "amable" a los inmigrantes latinoamericanos, dio resultados muy concretos. Sus años en Texas le sirvieron bien cuando decidió irse a Washington.

Esa era la época en que algunos votantes latinos podían ser enamorados con algunas palabritas en español por parte de los candidatos. Pero rápidamente nos dimos cuenta de que eso no era suficiente.

Barack Obama tomó prestado el grito "sí se puede" de César Chávez y de Dolores Huerta. Pero los votantes latinos, desencantados ya de las palabras de Bush y de sus guerras inventadas, le pidieron a Obama una promesa concreta. A cambio del voto latino, ¿qué nos vas a dar? Su respuesta: una propuesta para reformar el sistema migratorio durante su primer año en la presidencia. Al final, Obama no cumplió.

Todo eso me ha tocado traducir.

Los candidatos presidenciales pueden llegar de muchas maneras a los votantes hispanos, pero tradicionalmente la manera más directa ha sido a través de Univision, la cadena de televisión en la que trabajo desde hace más de tres décadas. Cuando en 1981 se transmitió el primer noticiero en español a nivel nacional —llamado en ese entonces Noticiero SIN, por sus siglas en inglés, Spanish International Network— el presidente Ronald Reagan envió un mensaje de felicitación y apoyo.

Desde entonces, cualquier político o candidato que quisiera comunicar su mensaje a los latinos en Estados Unidos tenía que pasar por Univision y ser traducido del inglés al español. Esa ha sido la ruta. Prácticamente todos los candidatos a la presidencia desde los años ochenta hasta hoy han dado entrevistas a Univision, con la excepción de los republicanos Bob Dole, que perdió, y Donald Trump, que ganó.

Como periodista mi trabajo ha sido traducir a todos estos políticos que solo hablan inglés a una audiencia que prefiere el español. De hecho, los extraordinarios intérpretes con los que trabajamos en español prefieren ese término, intérpretes, al de traductores. Y tienen razón. Nunca se trata de traducciones literales sino de interpretaciones de los temas más complejos.

Una cosa es decir que apoyas a los inmigrantes, y otra muy distinta, que estás a favor de legalizar a los indocumentados o darles ciudadanía. Hay políticos que apoyan a los *Dreamers,* pero no están dispuestos a ayudar legalmente a sus padres. Y cuando alguien, como Mitt Romney o Trump, se refieren constantemente a los indocumentados como "ilegales" es preciso reflejar con precisión sus palabras y sus prejuicios.

Es muy distinto tener una tarjeta que dice que estás protegido por DACA o por TPS (un permiso temporal de residencia para cientos de miles de centroamericanos) que tener una Green Card. Las sutilezas en el debate migratorio son fundamentales en la vida de millones de personas. Unas siglas pueden significar la diferencia entre irse o quedarse.

Claro, el tema migratorio no es el más importante para los latinos según la mayoría de las encuestas. La economía, la educación, el trabajo y la salud suelen ser las prioridades. Sin embargo, el tema migratorio es el más emocional porque puede acabar con sueños y separar familias.

Esa ansiedad entre millones de indocumentados latinos hay que comunicarla y traducirla correctamente. Pero no ha sido fácil. Muchos estadounidenses, instigados por Trump y su tropa, identifican a los indocumentados como criminales —por el simple hecho de haber cruzado ilegalmente la frontera— y no comprenden que se trata de un complicado fenómeno económico del que ellos son cómplices. ¿Está dispuesto este país a que se disparen los precios de las casas y de la comida, de los hoteles y restaurantes, entre muchos otros servicios, si se realizan redadas masivas contra los indocumentados?

Esta es la traducción correcta de lo que está ocurriendo en Estados Unidos.

Como periodista mi trabajo consiste en traducir para quienes no hablan español —la gran mayoría en Estados Unidos— lo que significa ser latino e inmigrante. Al mismo tiempo, cada noche en el noticiero, semanalmente en mis columnas y a cada rato en las redes sociales, tengo que comunicar a los hispanoparlantes las cosas más importantes que están ocurriendo en el país y en el mundo.

Traduzco de una parte del mundo a otra. Reporto sobre América Latina a una audiencia estadounidense y viceversa, aunque por caminos distintos. Los asuntos de América Latina son como noticias locales para mí. Es muy frecuente que una mañana sepa más de lo que está ocurriendo en Colombia, Venezuela y México que lo que pasa en Iowa, Kansas y Dakota del Norte, a pesar de que físicamente estoy más cerca de esos estados norteamericanos. Sí, a veces hay una desconexión geográfica; estoy aquí, pero emocional y profesionalmente estoy a varias fronteras de distancia.

De alguna manera, todos somos traductores. Cada persona tiene una historia muy personal que contar y viene de un universo que en muchos casos es ajeno a otros. Los periodistas —particularmente cuando viajamos a zonas de conflicto o a lugares remotos— tenemos como principal responsabilidad explicar lo que estamos viendo y oyendo. Traducimos símbolos, conductas y decisiones a una audiencia distante.

Cuando un reportero me pregunta qué es lo primero que debe hacer al llegar a un lugar que no conoce, mi respuesta suele ser: "Solo cuéntame lo que ves y oyes, y deja los juicios para después. Llévame a donde estás. Tú eres mis ojos".

Soy un inmigrante con micrófono, y debido a eso frecuentemente me invitan a CNN, Fox News y otras cadenas para hablar en inglés de asuntos que afectan a otros inmigrantes. No represento a nada ni a nadie. Pero sí considero que parte de mi tarea es darles voz a los inmigrantes que no tienen la suerte de hablar frente a un micrófono como yo. Es muy fácil atacar a un grupo, como el de los indocumentados, que nadie representa políticamente y que no se puede defender.

Y cuando el gobierno da a conocer un nuevo programa de salud o cambia las reglas migratorias, mi trabajo es leer las letras pequeñitas y explicar lo que eso significa para la comunidad latina. Mi trabajo de periodista y traductor es en realidad un servicio público.

Más allá de dar las noticias, la audiencia de muchos noticieros en español espera guía y orientación en cuestiones de salud, educación, migración y el proceso para votar, entre otros. Esa es una de las diferencias fundamentales con los noticieros en inglés. El principal asunto para muchos inmigrantes es sobrevivir en un país nuevo, con un lenguaje distinto y, en muchos casos, hostil.

Por eso creo en el periodismo como servicio público.

Y para eso hay que traducir.

Los anfibios somos buenos para traducir.

Cuándo dejar de ser neutral

———

La principal función social del periodista es cuestionar a los que tienen el poder. Sí, primero hay que reportar con claridad y precisión. Pero una vez que se saben los datos hay que cuestionar y, en algunos casos, desafiar a los poderosos.

Esto no va en contra de ser objetivo.

Estoy de acuerdo con el principio de la objetividad en el periodismo. "La objetividad es ver al mundo como es, no como tú quisieras que fuera". Esta cita es del profesor Michael Bugeja de la universidad de Iowa State en un artículo del *Columbia Journalism Review.* Me gusta su definición: es clara, supone un esfuerzo para ver las cosas como son, y asume que los reporteros tenemos prejuicios, opiniones, y que no actuamos en un vacío.

Ahora bien, la objetividad completa no existe. Desde el momento en que decidimos cubrir una noticia y no otra, en un país y no en otro, ya hay muchos elementos subjetivos. ¿Por qué cubro Estados Unidos y no Nigeria o Vietnam? Sin embargo, una vez que decidimos cubrir una noticia, cualquier persona debe esperar niveles razonables de objetividad por parte del periodista. De eso depende nuestra credibilidad. Y si a un periodista no le creen, no tiene mucho sentido su trabajo.

Pero ser objetivos no significa que siempre debemos ser neutrales. A veces la neutralidad va en contra de la verdad.

El discurso de Elie Wiesel cuando recibió el premio Nobel de la Paz en Oslo, Noruega, en diciembre de 1986, ha tenido una enorme influencia en la manera en que veo la labor periodística. Hay veces en que la neutralidad no es una opción.

El mundo se había quedado callado ante las atrocidades cometidas durante el Holocausto y eso marcó a Wiesel para siempre. Esto dijo:

> Y por eso me prometí nunca quedarme en silencio cuando seres humanos tienen que soportar sufrimiento y humillación. Debemos tomar partido. La neutralidad ayuda al opresor, nunca a la víctima. El silencio alienta al verdugo, nunca al atormentado. Algunas veces debemos intervenir. Cuando vidas humanas están en peligro, cuando la dignidad humana está en riesgo, las fronteras y las sensibilidades son irrelevantes. Cuando hombres y mujeres son perseguidos por su raza, religión o posiciones políticas, ese lugar, en ese momento, debe ser el centro del universo.

Esto se aplica a todos, periodistas o no. Y, efectivamente, algunas veces debemos intervenir.

Incluso el periodista estadounidense más conocido por su credibilidad, Walter Cronkite, no creía en la neutralidad periodística en todo momento. Cronkite, en un programa radial de NPR, dijo lo siguiente sobre su cobertura de la segunda Guerra Mundial:

> A principios de 1943, reporté respecto a los bombardeos sobre Alemania. En mi primer párrafo escribí que acababa de regresar de una asignación desde el infierno. Nadie atacó nuestros reportajes por falta de objetividad. Si la neutralidad es la prueba de integridad en el periodismo, entonces fallamos en nuestra obligación de darle a los nazis una cobertura justa y balanceada.

Y en el mismo programa, Cronkite vuelve a tocar el tema de la neutralidad periodística en una discusión sobre la lucha de los derechos civiles en Estados Unidos:

> La simple decencia humana había hecho inservible la neutralidad editorial. Desde la Segunda Guerra Mundial nada había dejado tan claro qué era bueno o malo... Ninguna cantidad de neutralidad editorial podía rescatar al Sur de sí mismo.

¿Qué diría Cronkite sobre la actitud que deben tomar los periodistas frente a Donald Trump? Imposible saberlo. Desde mi punto de vista, basta decir que cuando tienes a un presidente que miente, que ha hecho comentarios sexistas, racistas y xenofóbicos, que ataca a periodistas y a jueces, y que se comporta como un *bully,* no te puedes mantener neutral. Él es el presidente, pero eso no significa que tenga la razón. Su comportamiento ni siquiera es un buen ejemplo para los niños en este país. Si nos mantenemos neutrales frente a él, vamos a normalizar su comportamiento y otras personas lo van a repetir.

La neutralidad periodística en tiempos de crisis es un tema que me apasiona, ya que los periodistas somos los únicos que podemos hacer preguntas difíciles e incómodas a los que abusan del poder. En una plática TED en Vancouver, Canadá, a principios de 2017, dije lo siguiente:

Soy un periodista y soy un inmigrante. Estas dos cosas me definen. Nací en México, pero he pasado más de la mitad de mi vida reportando en un país, Estados Unidos, creado por inmigrantes.

Como reportero y como inmigrante aprendí que la neutralidad, el silencio y el miedo no son la mejor opción, ni en el periodismo ni en la vida. La neutralidad es, a veces, una excusa para no actuar y para escondernos de nuestra verdadera responsabilidad como periodistas. ¿Y cuál es esa responsabilidad? Cuestionar y desafiar a los que tienen el poder. Para eso sirve realmente el periodismo. Esa es la maravilla del periodismo: cuestionar y desafiar a los poderosos.

Por supuesto que los periodistas estamos obligados a reportar la realidad tal y como es, no como quisiéramos que fuera. Y como principio básico del periodismo estoy de acuerdo con la objetividad: si una casa es azul digo que es azul y si hay un millón de desempleados digo un millón.

Pero la neutralidad no lleva necesariamente a la verdad.

Aunque sea rigurosamente equilibrado para presentar los dos puntos de vista de una noticia —demócrata y republicano, liberal o conservador, gobierno y oposición—, eso no me garantiza que voy a llegar a la verdad.

La vida es mucho más compleja que eso y el periodismo debe reflejar esa complejidad. Me rehúso a ser una simple grabadora. Para eso no me hice periodista. Bueno, ahora nadie usa grabadora. Pero me rehúso a apretar el botón de grabar en el celular y apuntar al frente, como un fanático en un concierto.

Eso no es verdadero periodismo. Contrario a lo que muchos piensan, todo reportero hace constantes juicios de valor, éticos y morales, y siempre toma decisiones que son muy personales y totalmente subjetivas.

¿Qué pasa si tú eres un periodista cuando en tu país hay una dictadura, como la de Augusto Pinochet en Chile o la de Fidel Castro en Cuba? ¿Hubieras reportado todo lo que dijeron el general y el comandante sin cuestionarlos?

¿Qué ocurre si te enteras de que están desapareciendo estudiantes y apareciendo fosas clandestinas? ¿O que desaparecen millones del presupuesto y aparecen ex presidentes multimillonarios? ¿Das solo la versión oficial?

¿Qué pasa si en la principal superpotencia del mundo hay un candidato presidencial que hace comentarios racistas, xenofóbicos y sexistas? Bueno, eso exactamente me pasó a mí...

Los periodistas, en ciertas circunstancias, no debemos ser neutrales. No debemos ser neutrales en casos de racismo, discriminación, corrupción, mentiras públicas, dictaduras y violación de los derechos humanos. Y en estos seis casos, nuestra obligación es dejar a un lado la neutralidad y la indiferencia.

Hay una extraordinaria palabra en nuestro idioma que des-

cribe perfectamente el lugar que debemos ocupar los periodistas. La palabra es contrapoder. *Nuestro lugar como periodistas es siempre estar del otro lado del poder.*

Si estás en la cama con el político, si vas a la boda del hijo del gobernador o, sencillamente, si te conviertes en amiguito del presidente, ¿cómo los vas a criticar?

Cuando voy a una entrevista con un poderoso pienso dos cosas: que si yo no hago una pregunta incómoda nadie más la va a hacer; y asumo que nunca más veré a esa persona, así no trato de caer bien ni buscar acceso en el futuro.

Si tengo que escoger entre ser amigo o enemigo del presidente, prefiero ser su enemigo... Ser cómplice del poder nunca es buen periodismo.

Dejar a un lado la neutralidad no significa que debamos ser partidistas. Ni demócratas ni republicanos. Nuestra fuerza e influencia como periodistas radica precisamente en nuestra independencia. Y es desde esa independencia desde la que debemos desafiar al poder.

Es solo televisión, nada más

Hay veces que para mí es mucho más fácil hablarle a una cámara de televisión que a una persona. Lo reconozco, es una deformación profesional. Morley Safer, el corresponsal del programa *60 Minutes* que murió en 2016, decía con ironía que "no es algo natural hablarle a un pedazo de máquina, pero se gana muy bien". Ambas cosas son ciertas.

A quienes trabajamos en televisión a veces se nos olvida que hay cosas más importantes en la vida. Mucho más importantes. La televisión ha dominado durante tantas décadas el discurso público que nos cuesta distanciarnos. Ante ese mal, siempre está bien recordar la frase atribuida al comediante David Letterman: *"It's only television"*.

Este es un buen momento para recordar la fragilidad y lo

efímero de la televisión. Los ejecutivos de televisión están en negación ante la revolución digital, de la misma manera que lo estuvieron hace más de una década los encargados de periódicos y revistas. Estamos en un momento de transición en el que hay una gigantesca migración de ojos de las pantallas más grandes a las más pequeñas. Además, los hábitos de consumo de contenido se han vuelto casi totalmente personales: veo cuando yo quiera y donde yo quiera.

Todos los días tengo que tomar varias decisiones delante de tres millones de pares de ojos. ¿Me espero a reportar una noticia hasta que salga el telediario a las 6:30 de la tarde o la sacó a través de Twitter, Facebook y las redes sociales? Este dilema está transformando el negocio de las noticias. El dinero sigue estando en los anuncios televisivos ligados a los ratings, pero la audiencia se está yendo a pasos agigantados —digamos, mejor, en *clicks*— a los medios digitales. Al final, no hay remedio: habrá que irse a donde esté la audiencia.

Soy un dinosaurio. Eso es lo que le digo frecuentemente a los estudiantes de periodismo. Si prendes la televisión un minuto o 31 minutos después del horario del noticiero, no me puedes ver. Esa es la manera antigua de ver televisión. Pero si no nos adaptamos a la fluidez y ubicuidad de los medios digitales, corremos el peligro de desaparecer. Sí, el periodismo tradicional por televisión está en peligro de extinción. Soy consciente de que hoy en día estoy haciendo televisión para mucha gente que ya ni siquiera tiene un televisor.

Las cosas eran muy distintas cuando comencé como *anchor* del Noticiero Univision el 6 de noviembre de 1986. No es que fuera el mejor o el peor. Era sencillamente el único.

La cadena SIN estaba sufriendo otra crisis interna ante la amenaza de que llegara al frente del departamento de noticias el controversial periodista mexicano Jacobo Zabludovsky. Casi todos los reporteros de SIN, en bloque, decidieron renunciar e iniciar lo que eventualmente se convertiría en la cadena Telemundo.

Yo trabajaba para un programa matutino, *Mundo Latino,* y ante la falta de un conductor masculino me pidieron que hiciera el noticiero SIN junto a Teresa Rodríguez. Pero no estaba dispuesto a sufrir otra censura de prensa. Antes de aceptar, me aseguré de que Zabludovsky no llegaría a Miami como director de noticias. Y así fue.

Tenía apenas 28 años de edad, nunca había entrevistado a un presidente y no sabía leer bien el *teleprompter.* Mi amiga Teresa Rodríguez, con una solidaridad incomparable, seguía mi libreto con sus inmaculadas uñas rojas en caso que me equivocara durante el noticiero. Siempre se lo voy a agradecer.

Para mí era muy claro que estaba a prueba. Durante años, cuando me iba de vacaciones, limpiaba mi escritorio en caso de encontrar a otro *anchor* a mi regreso. No fue hasta mi cobertura de la caída del muro de Berlín en 1989, tres años después de entrar al noticiero, que supe que me iba a quedar en ese puesto.

Y ha sido la mejor aventura de mi vida. Un día normal puede incluir varios aviones, presidentes, entrevistas y un par de peleas en las redes sociales. Cuando me quedo en casa durante un fin de semana, descansando y tratando de desconectarme, es por la sobredosis de adrenalina que acumulo durante la semana. El silencio y la tranquilidad son generalmente un buen refugio. Hay gente que busca emociones y experiencias extremas durante sus vacaciones. Los periodistas las tenemos a cada rato. Pero todo eso tiene un costo que se acaba pagando.

Por más inmunes que nos creamos los comunicadores,

estoy seguro de que estar expuesto frecuentemente a imágenes violentas y a noticias trágicas ocasiona un paulatino desgaste físico y emocional. Todos los que salimos en televisión hemos aprendido a controlar nuestras emociones en público. No nos pagan por llorar o por reír incontrolablemente en pantalla. Pero esa supresión afectiva tiene, sin duda, efectos negativos en nuestras vidas privadas.

La imagen del *anchor* de un noticiero es de absoluto control. Pero pocos saben de todos los hilitos y trucos necesarios, y de la preparación que hay detrás, para tener ese dominio de lo que se ve y se dice. Para mí era una verdadera delicia ver a Peter Jennings, de la cadena ABC, cada vez que había una noticia de última hora. No solo tenía un claro conocimiento de lo que estaba hablando, sino que lo hacía aparentemente sin ningún esfuerzo. Improvisaba como si estuviera conversando con un amigo. Ser natural en el medio más artificial es un extraño talento y Jennings lo tenía.

Pero esta ya no es una época de *anchors*. No sé hasta cuándo durará ese papel en la televisión. Sospecho que no por mucho tiempo o, por lo menos, no con el mismo protagonismo que tuvieron Dan Rather, Barbara Walters, Tom Brokaw, Katie Couric, Ted Koppel, Connie Chung, Diane Sawyer y mi compañera María Elena Salinas.

Así que otra cosa que les digo a los estudiantes de periodismo es que no aspiren a ser un *anchor* o conductor de noticias. No hagan lo que yo hice durante tres décadas. La idea de un presentador o *anchor* surge de la necesidad de centralizar las noticias del día en una sola voz, de manera coherente y ordenada.

Hoy ningún periodista se debe anclar. *Don't be an anchor.*

Al contrario. Los nuevos periodistas son los que se mueven de plataforma en plataforma, de país en país, brincando fronteras, tecnologías y lenguajes.

Pero el hecho de que el periodismo televisivo se esté transformando de manera tan dramática no significa que la profesión corra el riesgo de desaparecer. De hecho hoy es más importante que nunca contar con buenos reporteros. La única manera de contrarrestar las "noticias alternativas" o *fake news* es con más y mejor periodismo.

Dos mujeres periodistas han tenido una enorme influencia en mi carrera: la mexicana Elena Poniatowska y la italiana Oriana Fallaci. En ellas coinciden las palabras "periodista" y "rebelde".

Cuando hay dudas sobre qué hacer como reporteros al enfrentar al poder, basta preguntarnos: ¿Qué hubiera hecho Elena? La respuesta es: seguiría investigando y reportando hasta sus últimas consecuencias. Gracias a Elena y a su libro *La noche de Tlatelolco* tenemos un valiosísimo testimonio de primera mano de la masacre de 1968, en la que decenas, quizás cientos de estudiantes, fueron asesinados por el ejército mexicano.

La valiente entrevistadora italiana Oriana Fallaci, quien se enfrentó a los líderes más autoritarios de la segunda mitad del siglo XX, decía que ser periodista es a la vez un privilegio y una responsabilidad. No conozco oficio más bello ni más duro. Nada nos es ajeno. El planeta es nuestra casa. Pero nos obliga también a cantarles sus verdades a quienes tienen el poder y a los intolerantes. Y eso a veces cuesta la vida.

Matar periodistas no es nuevo. Lo nuevo es la influencia

global e incuestionable independencia de muchos periodistas en esta era digital. Es el fin de la censura. Ningún gobierno puede hacer desaparecer el internet. Aunque tener más poder y visibilidad también significa ser un creciente blanco de ataques de grupos y gobiernos intolerantes. Y esto ha quedado demostrado en México.

Desde el año 2000 han asesinado a más de un centenar de periodistas en México, según cifras de la organización Artículo 19. Muchos de los asesinatos han ocurrido en provincia, donde los reporteros están mucho más expuestos a las redes de criminales, narcotraficantes, políticos corruptos y policías comprados. México es uno de los países donde es más peligroso ejercer el oficio de reportero. Esos periodistas valerosos, que no se callan a pesar de las amenazas a sus familias y de estar tan alejados de la capital mexicana, son los verdaderos héroes de nuestra profesión.

Muchas veces he pensado sobre la vida que llevaría si me hubiera quedado a vivir en México. No lo sé. Quizás sentiría esa misma incomodidad por la falta de libertad de expresión que me hizo irme en 1983. Pero ahora ya no se trata de censura directa por parte del gobierno, sino de amenazas de grupos criminales, de una impunidad casi total y, en muchos casos, de complicidades oficiales.

No sé lo que estaría haciendo, pero sí sé que los periodistas no estamos en el negocio de quedarnos callados.

¡Desobedezcan!

(Carta a mis hijos)

Mis queridos Nicolás y Paola:

Les tocó tener un papá inmigrante. ¿Qué le vamos a hacer? Yo sé que esto ha marcado sus vidas y la mía. Pero creo que ha sido bueno para todos. ¿No creen?

Sé que la idea del sueño americano ya está en desuso, pero yo lo he vivido completito. Llegué con muy poco y ahora tengo más. Vine huyendo de la censura y aquí he disfrutado de total libertad de prensa. Y, lo más importante, ustedes dos han tenido muchas más oportunidades de las que yo tuve. No tengo de qué quejarme. Hemos recibido mucho más de lo que jamás imaginé. ¿Cómo no estar eternamente agradecido con este país?

A pesar de todo, les tengo que confesar que el miedo no se pierde.

El miedo a perderlo todo, de nuevo, a ser obligado a regresar y empezar de cero, a no tener ya la edad para reinventarme una vez más. En ocasiones me descubro —como cuando era un niño en México— guardando lo que tengo para el instante en que sea realmente necesario, para la huida, para una emergencia, o para cualquier cosa más importante que el presente. Aprendí a vivir con muy poco —unos dirían que con una simplicidad casi japonesa— y me sigue angustiando la incertidumbre de lo que pueda ocurrir mañana.

No creo en la suerte, ni en santos ni cielos. Y es difícil dejar de pensar así cuando la formulita te ha funcionado tan bien. Solo me he entrenado para estar preparado en el preciso momento en que llegue la oportunidad. Así lo hice yo.

Ahora les toca a ustedes. Y lo harán a su manera, no a la mía.

Pero como hijos de un inmigrante muy agradecido solo quisiera que peleen en la medida de sus posibilidades, para que otros extranjeros —los que llegaron después de mí— tengan las mismas oportunidades que ustedes y yo tuvimos. Más que karma o una cuestión ética, se trata de regresar un poquito de lo que recibimos. No hay nada más triste y desagradable que los que se olvidan de dónde vienen y le dan la espalda a los que vienen detrás.

Si se fijan, utilicé la palabra *pelear.*

No va a ser fácil. A pesar de que las tendencias demográficas indican, sin temor a equivocarnos, que Estados Unidos va a ser un país conformado por minorías, hay mucha gente que se sigue resistiendo. La pureza no existe y nunca es deseable como objetivo de una nación. Muchas masacres se han realizado con ese absurdo objetivo.

El gran reto de este país consistirá en manejar con inteligencia la pluralidad ante el peligro del racismo y la intolerancia. En un país donde ningún grupo será mayoría es preciso asegurarse de que nadie pueda imponerse por la fuerza sobre los otros.

Pero no están solos.

El camino está perfectamente marcado desde la Declaración de Independencia; todas las mujeres y los hombres fuimos creados iguales. El desafío está en seguir aceptando a los que vienen de fuera, a los que huyen, a los que buscan un destino mejor, a los que se ven y oyen distinto... como su papá. Del resultado depende el futuro del experimento americano.

Déjenme decirles algo. Confío mucho más en ustedes y en su generación que en los gobernantes que piden muros y cárcel para los inmigrantes. Qué rápido se han olvidado que ellos, o sus padres o sus abuelos, llegaron de otro lugar. Ustedes no se olviden, por favor.

Hace poco encontré una cita maravillosa para acompañarnos en este complicado trayecto. John F. Kennedy escribe: "Nuestra política migratoria debe ser generosa. Debe ser justa; debe ser flexible. Y con esa política podemos ver el mundo, y nuestro propio pasado, con manos limpias y con la conciencia tranquila".

En este párrafo están todas las indicaciones sobre la manera en que debemos tratar a los inmigrantes en Estados Unidos: con generosidad, de todos los países y religiones, no solo a los ricos, sino también a los más vulnerables, y ofreciéndoles los mismos derechos que disfrutamos. Eso se llama, en esta época, reforma migratoria con camino a la ciudadanía. Y la idea no es demócrata o republicana. Es americana.

Ese es el camino.

Quisiera decirles que todo va a estar bien, que les espera un futuro plural y tolerante, que los racistas de este mundo no van a ganar. Ojalá. Pero lo que sí les puedo decir es que las cosas van a estar bien —o mejor— si ustedes pelean por ellas.

Más de una vez ustedes me han visto pelear en televisión con aquellos que maltratan o critican a los inmigrantes. Es tan injusto atacar a los que no se pueden defender públicamente. Por eso, creo, parte de mi trabajo es darles voz a los invisibles. Y me temo que muchas veces les tocará a ustedes hacer lo mismo.

Este es mi consejo: desobedezcan.

Cuando estén frente a alguien que es racista, desobedezcan.

Cuando los quieran discriminar, desobedezcan.

Cuando les pidan algo que no es justo, desobedezcan.

Cuando no puedan defender en público lo que les piden en privado, desobedezcan.

Cuando les exijan lealtad más que honestidad, desobedezcan.

Cuando haya que cambiar las cosas y no quede otro camino, desobedezcan.

Sin violencia, pero desobedezcan.

Los revolucionarios estadounidenses desobedecieron a los ingleses. Rosa Park desobedeció las leyes segregacionistas del país. César Chávez desobedeció a los dueños de las tierras en California. Y los *Dreamers* desobedecieron a todos, incluso a sus padres, hasta que el presidente Obama les concedió una protección migratoria.

Todos los grandes cambios —esos por los que vale la pena luchar y arriesgar la vida— comienzan con un "no". "No" es la palabra más poderosa en cualquier lenguaje.

Esa es la virtud de la desobediencia.

Úsenla con cuidado. Los desobedientes no siempre ganan y suelen pagar un precio muy alto por su atrevimiento. Pero al menos tienen la tranquilidad de saber que hicieron lo correcto y que, en el mejor de los casos, están parados del lado correcto de la historia. Eso sí, los desobedientes duermen mejor. Estados Unidos le debe mucho a la desobediencia de sus inmigrantes, de sus rebeldes, de sus científicos y artistas.

Juntos, Paola y Nicolás, hemos ido descubriendo este país.

Ustedes me amarraron a esta tierra. De hecho, aprendí inglés y me fui integrando a este país al mismo tiempo que ustedes. Jamás me lo hubiera imaginado cuando decidí lanzarme a esta aventura americana hace treinta y cinco años.

Esto me recuerda una entrevista que tuve con el catalán Joan Manuel Serrat, uno de mis cantantes favoritos y cuyas canciones —especialmente aquella con letra del gran poeta Antonio Machado en que habla de que "se hace camino al andar"—inspiraron mi trayecto al norte. Serrat, un incansable viajero, tuvo que vivir exiliado en México durante la dictadura de Francisco Franco en España.

Me dijo Serrat: "Es maravilloso no saber cómo van a salir las cosas. Yo siempre he tenido la sensación de que ningún camino era obligatorio. Es decir, que siempre podía dejar el camino y retomar otro; que podía hacer otras cosas, que podía saltar a otro lugar. Yo he podido recorrer ese camino como he querido. Y me gustaría que el resto de la especie humana también tuviera esa posibilidad de hacerlo así, en libertad".

Yo también he podido recorrer la mayor parte de mi camino en libertad. Y, al igual que Serrat, no sabía cómo iban a salir las cosas. Cuando dejé México todo era incierto. Hoy sé que ustedes, sin la menor duda, han sido lo mejor de mi vida.

¿Saben qué, Nicolás y Paola? No pude haber tenido mejores compañeros de vida y de país. Por ustedes —solo por ustedes— ya todo valió la pena.

Los quiero tanto.

Papá.

Agradecimientos

Aunque la mayor parte de este libro es nuevo, inevitablemente me he basado también en discursos, entrevistas y columnas que he dado y publicado en el pasado. Muchas de las ideas y argumentos que aquí presento los he escrito o presentado en formatos muy disímiles, en las redes sociales, en mis artículos semanales o en mis comentarios por televisión. En algunos casos, cuando es apropiado por claridad y coherencia, he dejado los textos y las palabras originales.

Este libro ha sido posible gracias a todos los inmigrantes e hijos y nietos de inmigrantes que me cobijan. La valentía de los *Dreamers* y de sus padres ha sido mi inspiración. Todos los días me cruzo con muchos inmigrantes indocumentados que me llenan de esperanza. Su lucha es muchísimo más dura que la mía. Espero que algunas de sus ideas, propuestas y coraje se encuentren reflejadas en estas páginas.

Aquí cuento varios incidentes durante la filmación del documental *Hate Rising* que hicimos para las cadenas Univision y Fusion. La directora del documental, Catherine Tambini, y los productores Dax Tejera y Verónica Bautista, fueron maravillosos compañeros en una tarea complicada y descorazonadora durante todos los meses que viajamos retratando el odio en Estados Unidos. Nada quisiera más que volver a trabajar con ellos en otro proyecto.

El apoyo de Isaac Lee a todas las cosas que hago es invaluable. Siempre dice que sí a todas mis propuestas y siempre tengo que trabajar el doble para cumplir sus enormes expectativas. Daniel Coronell, el presidente de noticias de Univision, es un gran amigo, vecino de oficina y el mejor guía en los difíciles momentos que vive el periodismo en Estados Unidos. Sus años en Colombia lo foguearon bien y hoy nos sirven a todos nosotros. Y Randy Falco, CEO de Univision, ha sido un extraordinario líder moral cuando el periodismo independiente y la comunidad latina más lo necesitan. Randy, Isaac y Daniel me han dado siempre el apoyo y la libertad para hacer bien mi trabajo. Sé que siempre cuento con ellos.

Tengo que agradecer a una multitud de investigadores que me llenaron de datos y de análisis para entender a los inmigrantes y a la creciente comunidad hispana. Una buena parte del libro está basado en los estudios del Pew Research Center, el Migration Policy Institute, el American Immigration Council y en las cifras de la Oficina del Censo. Pero aquí uso muchas fuentes más. Frente a encuestas y datos importantes, siempre les doy crédito a los investigadores. Ellos son los que caminan por delante.

Cristóbal Pera de Penguin Random House puso toda su confianza en este libro incluso antes de haber leído la primera palabra. Él es quien sabiamente sugirió dejarle el título de *Stranger* en los dos idiomas.

Ezra Fitz ha traducido tantos de mis libros al inglés que a veces pienso que yo, en realidad, escribo para él. Ezra es un "anfibio" extraordinario. Yo escribo mis libros en español, pero su enorme talento (¡y rapidez!) me han permitido llegar a donde hay que llegar en inglés. Ezra es quien hace los puentes.

Andrés Echavarría hizo todos los malabares posibles para que durante casi un año yo tuviera el tiempo para escribir este libro. Su entusiasmo por el periodismo y su increíble organización son lo primero que me encuentro cada mañana en la oficina.

La pasión de Chiqui por los libros, su feminismo a flor de piel, su amor bien presente, sus consejos tan prácticos y su paciencia —al regalarme muchos meses solo frente a la computadora— hicieron posible esta última entrega. Gracias otra vez.

Varias de las ideas que aquí aparecen las conversé primero con mi hija Paola. Este es uno de los grandes orgullos y satisfacciones que tengo como escritor y como padre.

Paola y Nicolás saben que son lo más importante de mi vida y que todo lo que hago, en el fondo, es por ellos y para ellos. Los tres aprendimos a querer a esta nación al mismo tiempo. Si quiero un Estados Unidos mejor es, fundamentalmente, para ellos y su generación.

Notas

PRÓLOGO

21 **ya pertenecían a una minoría:** D'Vera Cohn, *It's Offi-cial: Minority Babies Are the Majority among the Nation's Infants, but Only Just* (Washington, D.C.: Pew Research Center, junio 23, 2016), 23, http://www.pewresearch.org/fact-tank/2016/06/23/its-official-minority-babies-are-the-majority-among-the-nations-infants-but-only-just/.

LÁRGATE DE MI PAÍS

26 **"Cuando México envía a su gente":** *Washington Post* staff, "Full Text: Donald Trump Announces a Presiden-

tial Bid," *Washington Post,* junio 16, 2015, https://www
.washingtonpost.com/news/post-politics/wp/2015/06/
16/full-text-donald-trump-announces-a-presidential
-bid/?utm_term=.9d6229cd87a1.

29　"Univision dice que no me quieren": *Hollywood
Reporter* staff, "Donald Trump Bans Univision Staff
from His Properties, Publishes Anchor's Phone Number," *Hollywood Reporter,* junio 26, 2015, https://www
.hollywoodreporter.com/news/donald-trump-bans
-univision-staff-805464; Jordan Chariton, "Donald
Trump–Univision Battle Gets Nastier as Mogul Posts
Jorge Ramos' Cell Phone Number, Bans Staffers,"
Media Alley (blog), *The Wrap,* junio 29, 2015, https://
www.thewrap.com/donald-trump-univision-battles
-gets-nastier-as-mogul-posts-jorge-ramos-cell-phone
-number-bans-staffers/.

31　viene en avión o con visa temporal: Pew Hispanic
Center, *Modes of Entry for the Unauthorized Migrant
Population* (Washington, D.C.: Pew Research Center,
mayo 22, 2006), http://www.pewhispanic.org/2006/
05/22/modes-of-entry-for-the-unauthorized-migrant
-population/.

33　Así fue mi primer intercambio con Trump: "Donald
Trump Throws Fusion Anchor Jorge Ramos out of His
Press Conference," YouTube, agosto 25, 2015, https://
www.youtube.com/watch?v=AghbhqhHMgs.

37　Por fin, había tenido la oportunidad de confrontar a Trump: "Jorge Ramos Presses Donald Trump
on Immigration at Iowa Press Conference," YouTube,
agosto 26, 2015, https://www.youtube.com/watch?v=
hD0PwbMdW7Y.

41 **Mitt Romney había obtenido solo 27 por ciento del voto latino:** Mark Hugo López y Paul Taylor, *Latino Voters in the 2012 Election* (Washington, D.C.: Pew Research Center, noviembre 7, 2012), 4, http://assets .pewresearch.org/wp-content/uploads/sites/7/2012/11/ 2012_Latino_vote_exit_poll_analysis_final_11-09.pdf; ver también http://www.pewhispanic.org/2012/11/07/ latino-voters-in-the-2012-election/.

41 **31 por ciento del voto hispano:** Mark Hugo Lopez, *The Hispanic Vote in the 2008 Election* (Washington, D.C.: Pew Research Center, noviembre 7, 2008), i, http://assets .pewresearch.org/wp-content/uploads/sites/7/reports/98 .pdf; ver también: http://www.pewhispanic.org/2008/ 11/05/the-hispanic-vote-in-the-2008-election/.

41 **27.3 millones de latinos elegibles para votar:** Jens Manuel Krogstad, *Key Facts about the Latino Vote in 2016* (Washington, D.C.: Pew Research Center, octubre 14, 2016), http://www.pewresearch.org/fact-tank/2016/10/ 14/key-facts-about-the-latino-vote-in-2016/.

LEJOS DE CASA

45 **escritor español Javier Cercas:** Javier Cercas, *La verdad de Agamenón* (Barcelona: Tusquets Editores, 2006), 70.

46 **"la decisión de emigrar":** John F. Kennedy, *A Nation of Immigrants* (New York: Harper Perennial, 2008), 4.

STRANGER

51 **más de 40 por ciento de los fundadores de las empresas Fortune 500:** Partnership for a New Amer-

ican Economy, *The "New American" Fortune 500* (New York: Partnership for a New American Economy, junio 2011), 2, 6, http://research.newamericaneconomy.org/wp-content/uploads/2013/07/new-american-fortune-500-june-2011.pdf.

52 **"con los bebés de otras personas"**: Mahita Gajanan, "Rep. Steve King Tweets Support for Far-Right Dutch Politician: 'Culture and Demographics Are Our Destiny,'" *Time,* marzo 12, 2017, http://time.com/4699168/steve-king-supports-dutch-politician/.

MI CAMINO AL NORTE

59 **se escogían por *dedazo***: Tim Weiner, "The Mexican Election: The Defeated; Political Machine Dependent on Power Loses Its Power," *New York Times,* julio 4, 2000, http://www.nytimes.com/2000/07/04/world/mexican-election-defeated-political-machine-dependent-power-loses-its-power.html.

62 **comenzó a crecer rápidamente:** Antonio Flores, Gustavo López, y Jynnah Radford, *Facts on U.S. Latinos, 2015: Statistical Portrait of Hispanics in the United States,* Trend Data (Washington, D.C.: Pew Research Center, septiembre 18, 2017), tabla 1-trend, "Population, by Race and Ethnicity: 1980–2015," http://www.pewhispanic.org/2017/09/18/facts-on-u-s-latinos-trend-data/.

LA REVOLUCIÓN YA LLEGÓ

66 los blancos (no hispanos) dejaran de ser mayoría en Estados Unidos: Sandra L. Colby y Jennifer M. Ortman, *Projections of the Size and Composition of the U.S. Population: 2014 to 2060,* Current Population Reports, P25-1143 (Washington, D.C.: U.S. Census Bureau, marzo 2015), 1, 9, https://www.census.gov/content/dam/Census/library/publications/2015/demo/p25-1143.pdf.

67 En ese 2044 las proyecciones: William H. Frey, "New Projections Point to a Majority Minority Nation in 2044," *The Avenue* (blog), Brookings Institution, diciembre 12, 2014, https://www.brookings.edu/blog/the-avenue/2014/12/12/new-projections-point-to-a-majority-minority-nation-in-2044/.

67 la población blanca no hispana... la población latina... y asiática: Colby y Ortman, *Projections of the Size and Composition of the U.S. Population: 2014 to 2060,* 9, tabla 2.

67 Las proyecciones indican que los hispanos pasaremos: U.S. Census Bureau, *2014 National Population Projections Tables* (Washington, D.C.: U.S. Census Bureau, 2014), tabla 10, "Projections of the Population by Sex, Hispanic Origin, and Race for the United States: 2015 to 2060," https://www.census.gov/data/tables/2014/demo/popproj/2014-summary-tables.html; ver particularmente https://www2.census.gov/programs-surveys/popproj/tables/2014/2014-summary-tables/np2014-t10.xls.

68 "¡el futuro es nuestro!": Discurso en 1984 Cesar Chavez Address a la Commonwealth Club of California, San
Francisco, noviembre 9, 1984, Cesar Chavez Founda-
tion, Keene, California, http://chavezfoundation.org/
_cms.php?mode=view&b_code=001008000000000&
b_no=16&page=1&field=&key=&n=8.

68 15 millones de latinos frente a 14.9 millones de blancos no hispanos: Phillip Reese y Stephen Magagn-
ini, "Census: Hispanics Overtake Whites to Become
California's Largest Ethnic Group," *Sacramento Bee,*
junio 30, 2015, http://www.sacbee.com/news/local/
article25940218.html; *Morning Edition,* "Census Data
Confirms: Hispanics Outnumber Whites in California"
(Washington, D.C.: National Public Radio, julio 7,
2015), https://www.npr.org/2015/07/07/420769494/
census-data-confirms-hispanics-outnumber-whites-in
-california.

69 los latinos seremos el 18 por ciento: Vanessa Cárde-
nas y Sophia Kerby, "The State of Latinos in the United
States: Although This Growing Population Has Expe-
rienced Marked Success, Barriers Remain," *Race and
Ethnicity* (blog), Center for American Progress, agosto
2012, https://www.americanprogress.org/issues/race/
reports/2012/08/08/11984/the-state-of-latinos-in-the
-united-states/.

69 "Las historias sobre latinos"... 4.1 por ciento de
los directores: Frances Negrón-Muntaner, con Chel-
sea Abbas, Luis Figueroa, y Samuel Robson, *The Latino
Media Gap: A Report on the State of Latinos in U.S. Media,*
Center for the Study of Ethnicity and Race (New York:

Columbia University, 2014), 3, https://fusiondotnet
.files.wordpress.com/2015/02/latino_media_gap_report
.pdf.

ODIO

72 "Llamándole teoría de 'activación'": Sanam Malik,
    "When Public Figures Normalize Hate," *Race and Ethnic-ity* (blog), Center for American Progress, marzo 25, 2016,
    https://www.americanprogress.org/issues/race/news/
    2016/03/25/134070/when-public-figures-normalize
    -hate/.

72 **el número de los llamados "grupos de odio"**: South-ern Poverty Law Center, Hate Map, 2016, https://www
    .splcenter.org/hate-map.

72-73 **grupos antimusulmanes... Ku Klux Klan**: Mark
    Potok, *The Year in Hate and Extremism,* Southern Pov-erty Law Center, Montgomery, Alabama, febrero 2017,
    https://www.splcenter.org/fighting-hate/intelligence
    -report/2017/year-hate-and-extremism.

73 **"La glorificación de una raza"**: James Baldwin, *The
    Fire Next Time* (New York: Dial Press, 1963), 82.

73-74 **"Aunque ya no hablamos... atacan a la inmigra-ción"**: Abraham H. Foxman, prólogo de *A Nation of
    Immigrants,* por John F. Kennedy (New York: Harper &
    Row, 1964).

75 **"detener a la gente que tiene antecedentes cri-minales"**: Julie Hirschfeld Davis y Julia Preston,
    "What Donald Trump's Vow to Deport up to 3 Million
    Immigrants Would Mean," *New York Times,* noviem-

bre 14, 2016, https://www.nytimes.com/2016/11/15/us/ politics/donald-trump-deport-immigrants.html?_r=1.

75 **300,000 indocumentados:** Muzaffar Chishti and Michelle Mittelstadt, *Unauthorized Immigrants with Criminal Convictions: Who Might Be a Priority for Removal?* (Washington, D.C.: Migration Policy Institute, noviembre 2016), https://www.migrationpolicy.org/news/ unauthorized-immigrants-criminal-convictions-who -might-be-priority-removal.

75 **11.2 millones de indocumentados en Estados Unidos:** Sara Kehaulani Goo, *Unauthorized Immigrants: Who They Are and What the Public Thinks* (Washington, D.C.: Pew Research Center, enero 15, 2015), http://www .pewresearch.org/fact-tank/2015/01/15/immigration/.

76 **8.6 por ciento de la población adulta en Estados Unidos:** Sarah Shannon, Christopher Uggen, Melissa Thompson, Jason Schnittker, y Michael Massoglia, *Growth in the U.S. Ex-Felon and Ex-Prisoner Population, 1948 to 2010* (Princeton, NJ: Princeton University, 2011), 12, http://paa2011.princeton.edu/papers/ 111687.

76 **hombres inmigrantes... de los nacidos en Estados Unidos:** Walter Ewing, Daniel E. Martínez, y Rubén G. Rumbaut, *The Criminalization of Immigration in the United States* (Washington, D.C.: American Immigration Council, julio 13, 2015), 1, https://www .americanimmigrationcouncil.org/sites/default/files/ research/the_criminalization_of_immigration_in_the _united_states.pdf; ver también https://www.american immigrationcouncil.org/research/criminalization -immigration-united-states.

77 los inmigrantes le generaron un beneficio a la economía de 54.2 mil millones de dólares de 1994 a 2013: National Academies of Sciences, Engineering, and Medicine, *The Economic and Fiscal Consequences of Immigration* (Washington, D.C.: National Academies Press, 2017), 171, https://download.nap.edu/cart/download.cgi ?record_id=23550; ver también https://doi.org/10.17226/ 23550.

78 los inmigrantes ganan aproximadamente 240 mil millones de dólares al año: Laura Reston, "Immigrants Don't Drain Welfare. They Fund It," *New Republic,* septiembre 3, 2015, https://newrepublic.com/article/ 122714/immigrants-dont-drain-welfare-they-fund -it; Jessica Lavariega Monforti, "Immigration: Trends, Demographics, and Patterns of Political Incorporation," en *Perspectives on Race, Ethnicity, and Religion: Identity Politics in America,* ed. Valerie Martinez-Ebers y Dorraj Manochehr (New York: Oxford University Press, 2009), 95, https://www.researchgate.net/profile/Jessica_Lavariega _Monforti/publication/269635089_Immigration _Trends_Demographics_and_Patterns_of_Political _Incorporation/links/5490e3170cf214269f27d5ab/ Immigration-Trends-Demographics-and-Patterns-of -Political-Incorporation.pdf?origin=publication_detail.

NO HAY NINGUNA INVASIÓN

79 en 2016 había 11.3 millones de inmigrantes sin autorización: Pew Hispanic Center, *Unauthorized Immigrant Population in the United States, 1990–2016* (Washington, D.C.: Pew Research Center, mayo 3, 2017), http://

www.pewhispanic.org/chart/unauthorized-immigrant
-population-in-the-united-states-1990-2016/.

80 **Más que una invasión de mexicanos... 16 millones de mexicanos que migraron hacia Estados
Unidos:** Ana Gonzalez-Barrera, *More Mexicans Leav-
ing Than Coming to the U.S.* (Washington, D.C.: Pew
Research Center, noviembre 19, 2015), 5, 7, https://assets
.pewresearch.org/wp-content/uploads/sites/7/2015/11/
2015-11-19_mexican-immigration_FINAL.pdf;   ver
también http://www.pewhispanic.org/2015/11/19/more
-mexicans-leaving-than-coming-to-the-u-s/.

81 **"los principios de igualdad y dignidad humana":**
John F. Kennedy, Carta al presidente del Senado y al por-
tavoz de la Casa de Representantes sobre una revisión de
las leyes migratorias, julio 23, 1963, American Presi-
dency Project, http://www.presidency.ucsb.edu/ws/?pid
=9355.

82 **un reportaje del *Wall Street Journal*:** Neil Shah,
"Immigrants to U.S. from China Top Those from
Mexico," *Wall Street Journal,* mayo 3, 2015, https://
www.wsj.com/articles/immigrants-to-u-s-from-china
-top-those-from-mexico-1430699284; ver también Eric
Jensen, "China Replaces Mexico as the Top Sending
Country for Immigrants to the United States," *Research
Matters* (blog), U.S. Census Bureau, mayo 1, 2015,
https://census.gov/newsroom/blogs/research-matters/
2015/05/china-replaces-mexico-as-the-top-sending
-country-for-immigrants-to-the-united-states.html.

EL MURO INÚTIL

83 **México y Estados Unidos comparten 1,954 millas de frontera:** Sarah Trumble y Nathan Kasai, "The State of the Southern Border," *Third Way,* febrero 2, 2017, http://www.thirdway.org/memo/the-state-of-the-southern-border; Richard Misrach, "Surreal Photos Show Walls Dividing U.S. and Mexico," *National Geographic,* septiembre 2017, https://www.nationalgeographic.com/magazine/2017/09/proof-border-wall-united-states-mexico/.

84 **"Las comunidades fronterizas... más seguras que Washington o Chicago":** Julián Aguilar y Alexa Ura, "Border Communities Have Lower Crime Rates," *Texas Tribune,* febrero 23, 2016, https://www.texastribune.org/2016/02/23/border-communities-have-lower-crime-rates/.

84 **"es un área muy segura y protegida":** Testimonio del Sheriff Tony Estrada a la Audiencia Ad-Hoc del congresista Raul Grijalva, Oficina del Sheriff del condado de Santa Cruz, Nogales, Arizona, septiembre 13, 2013, https://grijalva.house.gov/uploads/Sheriff%20Tony%20Estrada.pdf; see also https://www.acluaz.org/en/press-releases/arizona-congressman-us-mexico-border-district-hear-regional-stakeholders.

85 **24.6 millones de personas:** Substance Abuse and Mental Health Services Administration, *Drug Facts,* National Survey on Drug Use and Health (Bethesda, MD: National Institute on Drug Abuse, junio 2015), https://www.drugabuse.gov/publications/drugfacts/nationwide-trends.

85 **"una cicatriz"**: Carlos Fuentes, *The Old Gringo* (New York: Farrar, Straus and Giroux, 1985), 185.

86 **"su *fucking* muro"**: Jorge Ramos, "Former Mexican President to Donald Trump: 'I'm not Going to Pay for That Fucking Wall,'" *America with Jorge Ramos,* febrero 25, 2015, https://fusion.net/story/273374/former-mexican-president-to-donald-trump-not-paying-for-that-fucking-wall/.

86 **entre 12 mil y 15 mil millones de dólares**: Tom LoBianco, Manu Raju, y Ted Barrett, "McConnell: Border Wall Will Cost $12B–$15B," CNNPolitics, enero 26, 2017, http://www.cnn.com/2017/01/26/politics/border-wall-costs-republican-retreat/index.html.

87 **apenas habían 150,000 inmigrantes**: Kennedy, *A Nation of Immigrants,* 17.

87 **un visionario estudio... tsunami demográfico**: Pew Research Center, *Modern Immigration Wave Brings 59 Million to U.S., Driving Population Growth and Change through 2065: Views of Immigration's Impact on U.S. Society Mixed* (Washington, D.C.: Pew Research Center, septiembre 2015), 7–8, 10, 23, http://assets.pewresearch.org/wp-content/uploads/sites/7/2015/09/2015-09-28_modern-immigration-wave_REPORT.pdf; ver también http://www.pewhispanic.org/2015/09/28/modern-immigration-wave-brings-59-million-to-u-s-driving-population-growth-and-change-through-2065/.

NADIE ES ILEGAL

89 **"ningún ser humano es ilegal"**: Elie Wiesel, "The Refugee," en *Sanctuary: A Resource Guide for Understanding and Participating in the Central American Refugees' Struggle,* ed. Gary MacEoin (San Francisco: Harper & Row, 1985), 10.

90 **"el estigma de la ilegalidad"**: Roberto Suro, *Strangers Among Us: Latino Lives in a Changing America* (New York: Vintage Books, 1998), 9.

93 **hasta 8 millones —de los 11 millones de indocumentados—... sujetos a deportación**: Brian Bennett, "Not Just 'Bad Hombres': Trump Is Targeting Up to 8 Million People for Deportation," *Los Angeles Times,* febrero 4, 2017, http://www.latimes.com/politics/la-na -pol-trump-deportations-20170204-story.html.

OBAMA: EL DEPORTADOR EN JEFE

95 **El presidente Obama se ganó a pulso el título de "deportador en jefe"**: Janet Murguía, "NCLR 2014 Capital Awards Speech: President's Message," *Unidos-USblog,* UnidosUS, marzo 4, 2014, http://blog.unidosus .org/2014/03/04/nclr-2014-capital-awards-speech -presidents-message/.

95 **se deportaron a 2,749,706 personas**: U.S. Immigration and Customs Enforcement, *Fiscal Year 2016 ICE Enforcement and Removal Operations Report* (Washington, D.C.: U.S. Immigration and Customs Enforcement, 2017), 2, figura 1, https://www.ice.gov/sites/default/

files/documents/Report/2016/removal-stats-2016.pdf; ver también https://www.ice.gov/removal-statistics/2016.

96 **una propuesta migratoria que yo pueda apoyar con fuerza:** Lukas Pleva, "No Big Push in First Year," *The Obameter* (blog), PolitiFact, agosto 13, 2010, http://www.politifact.com/truth-o-meter/promises/obameter/promise/525/introduce-comprehensive-immigration-bill-first-yea/.

97 **¿Que pasó ese primer año?:** Fusion, "Why Didn't Obama Present Immigration Reform in His First Term? Rahm Emanuel Answers," Splinter, noviembre 6, 2013, https://splinternews.com/why-didn-t-obama-present-immigration-reform-in-his-firs-1793840037.

98 **Obama no hizo nada respecto a una reforma migratoria:** "Jorge Ramos Interviews Janet Napolitano (noviembre 2013)," https://www.youtube.com/watch?v=36p3FiUVMbQ.

99 **DACA, que protegería a cientos de miles de inmigrantes:** Jeffrey S. Passel y Mark Hugo Lopez, *Up to 1.7 Million Unauthorized Immigrant Youth May Benefit from New Deportation Rules* (Washington, D.C.: Pew Research Center, agosto 14, 2012), 3, https://assets.pewresearch.org/wp-content/uploads/sites/7/2012/12/unauthorized_immigrant_youth_update.pdf; ver también http://www.pewhispanic.org/2012/08/14/up-to-1-7-million-unauthorized-immigrant-youth-may-benefit-from-new-deportation-rules/.

99 **¿por qué deportó a dos millones de personas?:** "TRANSCRIPT: President Obama Speaks to Jorge

Ramos," Fusion, diciembre 9, 2014, https://wearefusion.tumblr.com/post/104812486184/transcript-president-obama-speaks-to-jorge-ramos.

101 **58 por ciento de todos los deportados:** U.S. Immigration and Customs Enforcement, *Fiscal Year 2016 ICE Enforcement and Removal Operations Report,* 2, 4, 11.

101 **300,000... habían cometido algún delito serio o *felony*:** Chishti y Mittelstadt, *Unauthorized Immigrants with Criminal Convictions.*

101 **Obama deportó a 409,849 indocumentados:** Corey Dade, "Obama Administration Deported Record 1.5 Million People," *It's All Politics* (Washington, D.C.: National Public Radio, diciembre 24, 2012), https://www.npr.org/sections/itsallpolitics/2012/12/24/167970002/obama-administration-deported-record-1-5-million-people.

101 **Obama redujo a casi la mitad:** U.S. Immigration and Customs Enforcement, *Fiscal Year 2016 ICE Enforcement and Removal Operations Report,* 11.

102 **Obama obtuvo el 67 y 71 por ciento del voto latino:** Cindy Y. Rodriguez, "Latino Vote Key to Obama's Re-election," CNNPolitics, noviembre 9, 2012, http://www.cnn.com/2012/11/09/politics/latino-vote-key-election/index.html.

102 **Trump consiguió solo el 29 por ciento en 2016:** Roberto Suro, "Here's What Happened with the Latino Vote," *New York Times,* noviembre 9, 2016, https://www.nytimes.com/interactive/projects/cp/opinion/election-night-2016/heres-what-happened-with-the-latino-vote.

NUESTRO ERROR EN 2016

103 **27.3 millones de latinos... votantes latinos sean** *millennials*: Jens Manuel Krogstad, Mark Hugo Lopez, Gustavo López, Jeffrey S. Passel, y Eileen Patten, *Millennials Make Up Almost Half of Latino Eligible Voters in 2016; Youth, Naturalizations Drive Number of Hispanic Eligible Voters to Record 27.3 Million* (Washington, D.C.: Pew Research Center, enero 2016), 4, https://assets.pewresearch.org/wp-content/uploads/sites/7/2016/01/PH_2016.01.19_Latino-Voters_FINAL.pdf; ver también http://www.pewhispanic.org/2016/01/19/millennials-make-up-almost-half-of-latino-eligible-voters-in-2016/.

103-104 **47.6 por ciento... las políticas de Donald Trump:** Jens Manuel Krogstad y Mark Hugo Lopez, *Black Voter Turnout Fell in 2016, Even as a Record Number of Americans Cast Ballots* (Washington, D.C.: Pew Research Center, mayo 12, 2017), http://www.pewresearch.org/fact-tank/2017/05/12/black-voter-turnout-fell-in-2016-even-as-a-record-number-of-americans-cast-ballots/.

104-105 **una encuesta de septiembre de 2015 publicada por el** *Washington Post* **y** **ABC:** *Washington Post*/ABC News poll, agosto 26–30, 2015, http://apps.washingtonpost.com/g/page/politics/washington-post-abc-news-poll-august-26-30-2015/1811/; Aaron Blake, "Why Jeb Bush Could Be the GOP's Key to the Latino Vote," *Washington Post,* septiembre 2, 2015, https://www.washingtonpost.com/news/the-fix/wp/2015/09/02/in-bush-and-trump-the-gop-faces-two-opposite-paths-on-minority-outreach/?utm_term=.3c827ae4aafa.

105 septiembre del 2016 por el *Wall Street Journal* y **NBC:** Carrie Dann, "Poll: 78 Percent of Latinos Have Negative View of Donald Trump, NBC News," septiembre 22, 2016, https://www.nbcnews.com/politics/2016 -election/poll-78-percent-latinos-have-negative-view -donald-trump-n652311; Hart Research Associates/ Public Opinion Strategies, Study #16804, septiembre 2016, https://www.scribd.com/document/324857651/ 16804-NBCWSJ-Telemundo-September-Hispanic -Oversample-Final.

105 **John McCain obtuvo el 31 por ciento del voto latino en 2008:** Lopez, *The Hispanic Vote in the 2008 Election,* i.

105 **Mitt Romney bajó a 27 por ciento en 2012:** Lopez y Taylor, *Latino Voters in the 2012 Election,* 4.

105 **George W. Bush había obtenido:** Para la elección del 2000: Roper Center for Public Opinion Research, *How Groups Voted in 2000* (Ithaca, NY: Cornell University, 2000), https://ropercenter.cornell.edu/polls/us -elections/how-groups-voted/how-groups-voted-2000/. Para la elección del 2004: Roberto Suro, Richard Fry, y Jeffrey Passel, *Hispanics and the 2004 Election: Population, Electorate, and Voters* (Washington, D.C.: Pew Research Center, junio 27, 2005), 12, https://assets.pewresearch .org/wp-content/uploads/sites/7/reports/48.pdf; ver también http://www.pewhispanic.org/2005/06/27/iv-how -latinos-voted-in-2004/.

105 **29 por ciento de los latinos:** Suro, "Here's What Happened with the Latino Vote".

107 **3,640,000 hispanos:** Mark Hugo Lopez, "The November Election," *The 2016 Election and the Latino Vote* (Washington, D.C.: Pew Research Center, 2016), 12,

http://www.ncsl.org/documents/taskforces/lopez_NCSL
_dec_2016.pdf.

107 **sin alcanzar la tercera parte de los votantes hispanos:** Leslie Sanchez, "Don't Pigeonhole Hispanic Voters," CNN, octubre 8, 2010, http://www.cnn.com/2010/OPINION/10/08/sanchez.hispanic.voters/index.html; ver también Mark Hugo Lopez, *Latinos and the 2010 Elections: Strong Support for Democrats; Weak Voter Motivation* (Washington, D.C.: Pew Research Center), ii, 5, http://www.pewhispanic.org/files/reports/127.pdf.

108 **Bush obtuvo casi la mitad del voto hispano:** Sanchez, "Don't Pigeonhole Hispanic Voters".

108 **"Los latinos son republicanos":** Ed O'Keefe, "Top Latino Republican says, 'Farewell, My Grand Old Party,'" *Washington Post,* junio 22, 2016, https://www.washingtonpost.com/news/post-politics/wp/2016/06/22/top-latino-republican-says-farewell-my-grand-old-party/?utm_term=.3a7dab743e5c; Cathy Booth Thomas, "Lionel Sosa," *Time,* agosto 22, 2005, http://content.time.com/time/specials/packages/printout/0,29239,2008201_2008200_2008222,00.html.

108-109 **los hispanos son muy conservadores... para acercarse al votante latino:** Paul Taylor, Mark Hugo Lopez, Jessica Martínez, y Gabriel Velasco, "Executive Summary," *When Labels Don't Fit: Hispanics and Their Views of Identity* (Washington, D.C.: Pew Research Center, abril 4, 2012), http://www.pewhispanic.org/2012/04/04/when-labels-dont-fit-hispanics-and-their-views-of-identity/.

109 **una autopsia política:** Republican National Com-

mittee, *Growth & Opportunity Project,* marzo 2013, 8, https://assets.documentcloud.org/documents/623664/ republican-national-committees-growth-and.pdf.

EL MIEDO Y LOS *DREAMERS*

113 **se niegan a legalizar a millones de inmigrantes:** Sara Kehaulani Goo, *What Americans Want to Do about Illegal Immigration* (Washington, D.C.: Pew Research Center, agosto 24, 2015), http://www.pewresearch.org/fact-tank/2015/08/24/what-americans-want-to-do-about-illegal-immigration/; Mark Hensch, "Poll: Most Support Path to Legal Status for Illegal Immigrants," *The Hill,* marzo 17, 2017, http://thehill.com/homenews/news/324435-poll-most-say-citizenship-path-top-immigration-priority; Karlyn Bowman, "Reading the Polls: Welcome to America? What Americans Say About Immigration," *Forbes,* febrero 14, 2017, https://www.forbes.com/sites/bowmanmarsico/2017/02/14/reading-the-polls-welcome-to-america-what-americans-say-about-immigration/#1a84c0224e6f.

114 **El 2015 fue un año particularmente violento... Matan a mexicanos y no pasa nada:** Antonio Zambrano: https://www.nytimes.com/2016/08/23/us/pasco-washington-police-antonio-zambrano-montes.html?_r=0. Rubén García: http://www.cnn.com/2015/05/18/us/texas-police-shooting-immigrant-killed/index.html. Ernesto Canepa: http://losangeles.cbslocal.com/2015/03/05/deadly-police-shooting-in-santa-ana-draws-mexican-governments-attention/.

LATINOS: LA LUCHA POR DEFINIRNOS

119 **9.6 millones de latinos nacidos en Estados Unidos:** Antonio Flores, *Facts on U.S. Latinos, 2015: Statistical Portrait of Hispanics in the United States,* Key Charts
(Washington, D.C.: Pew Research Center, septiembre 18, 2017), http://www.pewhispanic.org/2017/09/
18/facts-on-u-s-latinos/.

121 **35 por ciento de los hispanos:** Ana Gonzalez-Barrera
y Mark Hugo Lopez, *A Demographic Portrait of Mexican-
Origin Hispanics in the United States* (Washington, D.C.:
Pew Research Center, mayo 1, 2013), http://www.pew
hispanic.org/2013/05/01/a-demographic-portrait-of
-mexican-origin-hispanics-in-the-united-states/.

121 **Tres de cada cuatro latinos dicen hablar español:**
Jens Manuel Krogstad, *Rise in English Proficiency among
U.S. Hispanics Is Driven by the Young* (Washington, D.C.:
Pew Research Center, abril 20, 2016), http://www
.pewresearch.org/fact-tank/2016/04/20/rise-in-english
-proficiency-among-u-s-hispanics-is-driven-by-the
-young/.

122 **televisión mayormente en inglés:** Taylor, Lopez, Martínez, y Velasco, "Language Use among Latinos," *When
Labels Don't Fit,* http://www.pewhispanic.org/2012/04/
04/iv-language-use-among-latinos/.

123 **solo reciben sus noticias de medios en inglés:** Mark
Hugo Lopez y Ana Gonzalez-Barrera, *A Growing Share
of Latinos Get Their News in English* (Washington,
D.C.: Pew Research Center, julio 23, 2013), http://
www.pewhispanic.org/2013/07/23/a-growing-share-of
-latinos-get-their-news-in-english/.

123 **un estudio interesantísimo:** Taylor, Lopez, Martínez, y Velasco, "Executive Summary," *When Labels Don't Fit.*

124 ***post-Hispanic Hispanics*:** Zev Chafets, "The Post-Hispanic Hispanic Politician," *New York Times Magazine,* mayo 6, 2010, http://www.nytimes.com/2010/05/09/magazine/09Mayor-t.html.

124 **"Los latinos no se encuentran en un camino directo":** Suro, *Strangers Among Us,* 70.

SER INMIGRANTE EN LA ERA DE TRUMP

129 **"Cuando oyes hablar a alguien con acento":** Terry Gross, "Trevor Noah Says He Grew Up 'in the Shadow of a Giant' (His Mom)," *Fresh Air* (Washington, D.C.: National Public Radio, noviembre 22, 2016), https://www.npr.org/templates/transcript/transcript.php?storyId=503009220.

129 **"En ocasiones me siento como un racimo de muchas corrientes":** Edward Said, *Out of Place* (New York: Vintage Books, 2000), 295.

133 **"Se tienen que ir":** Alexandra Jaffe, "Donald Trump: Undocumented Immigrants 'Have to Go,'" *Meet the Press,* NBC News, agosto 16, 2015, https://www.nbcnews.com/meet-the-press/donald-trump-undocumented-immigrants-have-go-n410501.

133 **"Los voy a sacar tan rápidamente que tu cabeza va a dar vueltas":** Sopan Deb, "Trump Would Take 2 Years to Deport Millions of Undocumented Immigrants," CBS News, septiembre 11, 2015, https://www.cbsnews.com/news/donald-trump-it-would-take-up-to-2-years-to-deport-millions-of-undocumented/.

ANFIBIO-TRADUCTOR

167 "Encontré mi voz en el momento en que me di cuenta de que era distinta": Sandra Cisneros, *A House of My Own: Stories from My Life* (New York: Alfred A. Knopf, 2015), 125.

167 Esperanza, la protagonista de su famosa novela: Sandra Cisneros, *The House on Mango Street* (Houston: Arte Público Press, 1984).

CUÁNDO DEJAR DE SER NEUTRAL

177 "La objetividad es ver al mundo como es, no como tú quisieras que fuera": Brent Cunningham, "Rethinking Objectivity," *Columbia Journalism Review* 42, no. 2 (julio-agosto 2003), 24, http://archives.cjr.org/feature/rethinking_objectivity.php.

178 El discurso de Elie Wiesel cuando recibió el premio Nobel de la Paz: Elie Wiesel—Discurso de aceptación del Premio Nobel de la Paz en Oslo, Noruega, diciembre 10, 1986, https://www.nobelprize.org/nobel_prizes/peace/laureates/1986/wiesel-acceptance_en.html.

179 Cronkite, en un programa radial de NPR: Walter Cronkite, "Civil Rights Era Almost Split CBS News Operation," *All Things Considered* (Washington, D.C.: National Public Radio, mayo 30, 2005), https://www.npr.org/templates/story/story.php?storyId=4672765.

180 En una plática TED en Vancouver, Canadá, a principios de 2017: Jorge Ramos, "Why Journalists Have an Obligation to Challenge Power," TED2017, Vancouver, British Columbia, Canada, 2017, https://www.ted.com/

talks/jorge_ramos_why_journalists_have_an_obligation
_to_challenge_power/transcript?language=en.

ES SOLO TELEVISIÓN, NADA MÁS

183 **Morley Safer:** *"60 Minutes'* Morley Safer Retires after
46 Seasons," CBS News, mayo 11, 2016, https://www
.cbsnews.com/news/60-minutes-morley-safer-retires
-after-46-seasons/.

187 *La noche de Tlatelolco*: Elena Poniatowska, *Massacre in
Mexico* (New York: Viking Press, 1975).

188 **han asesinado a más de un centenar de periodistas
en México:** Freedom House, *Freedom of the Press 2017—
Mexico* (Washington, D.C.: Freedom House, noviembre 1, 2017), http://www.refworld.org/docid/59fc67d84
.html.